专项职业能力培训教材

汽车常规保养

湖南省职业技能鉴定中心
湖南省职业技术培训研究室　组织编写◎

主　编 陈建平　吴正乾　胡元波

副主编 倪伟智　章霄汉　段杨成　姚　勤

参　编 朱　仲　熊　盼　刘佳敏　钱志华

编审委员会

主　任　刘旸

副主任　叶　飞　王祥君

委　员　欧　雁　孙悦轩　田　莉

　　　　梁仲才　徐　凝　刘晓玲

　　　　欧　陟　钟　涛　谢东源

电子工业出版社

Publishing House of Electronics Industry

北京·BEIJING

内 容 简 介

　　本书是由湖南省人力资源和社会保障厅职业技能鉴定中心(湖南省职业技术培训研究室)组织行业专家、职业教育专家和专项职业能力考核专家,配合专项职业能力题库开发的专项职业能力培训教材。内容包括:职业道德素养与车间工作安全作业、发动机维护保养、底盘维护保养、车身及电器设备维护保养。本书图文并茂,通俗易懂,还配有技能操作视频,示范讲解实际生产中的规范操作方法,使学员能够通过学习与训练,掌握汽车常规保养专项技能。

　　本书旨在为在岗、新进人员,拟从事汽车常规保养岗位的人员,以及职业院校汽车相关专业学生提供快速、简洁、规范的知识技能学习方法。

图书在版编目（CIP）数据

汽车常规保养 / 湖南省职业技能鉴定中心,湖南省职业技术培训研究室组织编写. —北京:电子工业出版社,2021.5

专项职业能力培训教材

ISBN 978-7-121-40709-3

Ⅰ. ①汽… Ⅱ. ①湖… ②湖… Ⅲ. ①汽车－车辆保养－技术培训－教材　Ⅳ. ①U472

中国版本图书馆 CIP 数据核字（2021）第 039916 号

责任编辑：张　凌
印　　刷：三河市君旺印务有限公司
装　　订：三河市君旺印务有限公司
出版发行：电子工业出版社
　　　　　北京市海淀区万寿路 173 信箱　邮编：100036
开　　本：787×1 092　1/16　印张：9.75　字数：249.6 千字
版　　次：2021 年 5 月第 1 版
印　　次：2021 年 5 月第 1 次印刷
定　　价：35.00 元

凡所购买电子工业出版社图书有缺损问题,请向购买书店调换。若书店售缺,请与本社发行部联系,联系及邮购电话:(010)88254888,88258888。

质量投诉请发邮件至 zlts@phei.com.cn,盗版侵权举报请发邮件至 dbqq@phei.com.cn。

本书咨询联系方式:(010)88254583,zling@phei.com.cn。

出版说明

　　人力资源是国家发展、民族振兴最重要的战略资源，是国家经济社会发展的第一资源，是促进生产力发展和体现综合国力的第一要素。加强人力资源开发工作和人才队伍建设是加快我国现代化建设过程中事关全局的大事，始终是一个基础性、全面性、决定性的战略问题。坚持人才优先发展，加快建设人才强国对于全面实现小康社会目标、建设富强民主文明和谐的社会主义现代化国家具有决定性意义。党和国家历来高度重视人力资源开发工作，改革开放以来，尤其是进入新世纪新阶段，党中央和国务院做出了实施人才强国战略的重大决策，提出了一系列加强人力资源开发的政策措施，培养造就了各个领域的大批人才。但当前我国人才发展的总体水平同一些国家相比仍存在较大差距，与我国经济社会发展需要还有诸多不适应。根据《国务院办公厅关于印发职业技能提升行动方案（2019—2021年）的通知》（国发办〔2019〕24号）、《国务院关于推行终身职业技能培训制度的意见》（国发办〔2018〕11号）文件精神，建立技能人才多元评价机制，完善职业资格评价、职业技能等级认定、专项职业能力考核等多元化评价方式是当前深化职业技能培训体制机制改革的重要工作之一。

　　专项职业能力，是指国家职业技能标准中最小的、可就业的，具有一定技术含量的职业技能单元。专项职业能力考核是全面贯彻落实科学发展观，大力实施人才强国战略的重要举措，有利于促进劳动力市场的建设和发展，关系到广大劳动者的切身利益，对于企业发展和社会经济进步以及全面提高劳动者素质和职工队伍的创新能力具有重要作用。专项职业能力考核也是当前我国经济社会发展，特别是就业、再就业工作的迫切要求。

　　专项职业能力培训教材严格按照专项职业能力考核规范及考核细目进行编写，教材内容反映了专项职业能力所需要的核心知识与技能，较好的体现了适用性、先进性与前瞻性。专项职业能力题库的建立，对于保证专项能力考核工作的质量起着重要作用，是加快培养一大批数量充足、结构合理、素质优秀的技术技能型、复核技能型的高技能人才，为各行各业造就出千万能工巧匠的重要具体措施。湖南省人力资源和社会保障厅职业技能鉴定中心（湖南省职业技术培训研究室）组织开发了新的题库，并对题库进行审核。同时组织相关行业的专家参与教材的编审工作，保证了教材内容的科学性、与考核细目和题库的紧密衔接。

专项职业能力培训教材突出了适应职业技能培训的特色，读者通过学习与培训，不仅有助于通过考核，而且能有针对性的进行系统学习，真正掌握专项职业能力的核心技术与操作技能。本套丛书是与专项职业能力考核规范、题库相配套的。在本套丛书的编写过程中，贯彻了"围绕考点、服务考试"的原则，把编写重点放在以下几个主要方面。

第一内容上涵盖了考核规范对该职业的技能要求，确保达到技能人才的培养目标。

第二，突出考前辅导特色，以专项职业能力考点作为本套丛书的编写重点，内容上紧紧围绕专项职业能力考核的内容，充分体现系统性和实用性。

第三，坚持以"新内容"为编写侧重点，无论是内容上还是形式上都力求有所创新，使本套丛书更贴近专项职业能力考核，更好地服务于专项职业能力考核工作。

组织开发高质量的专项职业能力培训教材，加强专项职业能力培训教材建设，为技能人才培养提供技术和智力支持，对于提高技能人才培养质量，推动职业教育培训科学发展非常重要。我们要适应新形势新任务的要求，针对专项职业能力考核工作的实际需要，统一规划，总结经验，加以完善，努力把专项职业能力考核教材建设工作做好，为提高劳动者素质、促进就业和经济社会发展做出积极贡献。

湖南省人力资源和社会保障厅职业技能鉴定中心
湖南省职业技术培训研究室

前 言

　　本套教材的编写符合职业院校学生和广大劳动者的认知和技能学习规律，特色明显，在保证知识体系完备、脉络清晰，论述精准深刻的同时，尤其注重培养读者的实际动手能力和企业岗位技能的应用能力，并结合大量的典型任务和项目来使读者更进一步灵活掌握及应用相关的技能。

　　为满足汽车常规保养专项职业能力考核需要，更好地服务于汽车常规保养专项职业能力证书制度的推行工作，湖南省人力资源和社会保障厅职业技能鉴定中心（湖南省职业技术培训研究室）组织专家成立了汽车常规保养专项职业能力题库开发小组，对汽车常规保养考核规范、教程进行了深入研究，撰写了《汽车常规保养》专项职业能力培训教材，并通过了湖南省人力资源和社会保障厅职业技能鉴定中心（湖南省职业技术培训研究室）的审定。

　　一、编写背景

　　为贯彻落实《国务院办公厅关于印发职业技能提升行动方案（2019—2021 年）的通知》（国办发〔2019〕24 号）、《国务院关于推行终身职业技能培训制度的意见》（国发办〔2018〕11 号）文件精神，建立技能人才多元评价机制，湖南省人力资源和社会保障厅组织专家开发了"专项职业能力培训教材"系列丛书。本书为汽车维修领域专项职业能力培训教材之一——汽车常规保养。汽车常规保养是汽车售后服务企业员工的主要日常工作。目前汽车维修从业人员在专业性、规范性、效率等方面存在不足，本书旨在为在岗、新进人员，拟从事该岗位的人员提供快速、简洁、规范的知识技能学习方法。

　　二、编写思路

　　本书遵照人力资源和社会保障部专项职业能力开发要求——职业岗位技能最小单元化，紧密围绕汽车维护保养岗位，面向初中文化水平及以上人员进行编写，力争使参加该专项能力学习的人员实现"零距离"上岗、稳岗，就业后能获得一定收入，并有信心在岗位中再继续学习更多的技能。本书在内容安排上，先介绍某一系统的概况、类型与组成，再介绍其基本原理与作用，图文并茂，通俗易懂，最后还配有技能操作视频，示范讲解实际生产中的规范操作方法，使学员能够通过学习与训练，掌握汽车常规保养专项技能。

三、特点

（一）实用性，学习任务来源于真实岗位技能，针对性强，普适性强。

（二）发展性，学习完本课程，学员可将技能拓展到更多车型上，进行保养工作，也能更加深入地学习相关知识。

（三）综合性，本书有利于培养个人习惯与规范技能应用，使学员能够运用所学的相关发动机、底盘、车身电气维护知识，解决汽车维护相关问题。

（四）开放性，书中各系统的学习方式、训练方法具有多样性和选择性。

（五）评价性，通过本书的学习，使学员熟练掌握各项技能，以胜任汽车常规保养岗位工作。

四、编写分工

本书由湖南省人力资源和社会保障厅职业技能鉴定中心（湖南省职业技术培训研究室）委托湖南省汽车维修与检测行业协会培训中心组织编写，由湖南交通职业技术学院陈建平副教授/高级技师、湖南机电职业技术学院吴正乾副教授/高级技师、胡元波高级工程师/高级技师担任主编，湖南潇湘技师学院倪伟智讲师、长沙县心为职业培训学校章霄汉高级技师、段杨成、姚勤担任副主编，湖南心拓汽车集团有限公司朱仲高级技师、熊盼、刘佳敏、钱志华参编。

本书的编写得到了湖南省人力资源和社会保障厅职业技能鉴定中心（湖南省职业技术培训研究室）相关领导的大力支持与指导，教材编写是一项探索性工作，由于编者水平有限，时间紧迫，书中难免存在疏漏之处，敬请各使用单位及广大读者指正！

编　者

目 录

第一章

职业道德素养与车间工作安全作业

第一节　职业道德素养

一、职业道德素养概述

素养是指一个人在政治、学识、道德、技艺、品行等方面自觉进行的学习、磨炼、涵育和陶冶，以及经过长久努力所达到的某种能力素质。道德素养就是人们为了提高自己的道德素质而在思想品质和道德行为等方面进行的自我教育、自我锻炼、自我改造。职业道德素养是道德素养的一个重要方面，它是指从业人员依据职业道德原则、规范的要求，在职业认识、职业意志、职业情感、职业信念和职业行为等方面进行的自我教育、自我锻炼、自我改造，以提高自己的道德素质，做好本职工作。

二、职业道德素养的内容

汽车维修从业人员通过职业道德理论的学习，明确汽车维修工作在汽车维修行业发展中的作用和地位，明确汽车维修从业人员的职业道德规范，培养热爱本职工作和热爱集体（企业）的道德情感，培养社会主义职业幸福观。只有热爱本职工作、敬业勤业，热爱自己生活的集体，关注企业命运，为行业发展做出贡献，内心才会感到无比光荣和自豪，有积极主动的工作态度，有认真负责的职业行为，有不怕困难、不畏压力的勇敢精神。职业道德信念是产生职业道德行为的内在推动力。道德行为往往是人们的自觉行为，这种行为不源自行政权力，而源自人的自觉自愿，是为了实现理想目标而自然产生的行为。职业道德行为习惯是指在职业活动中，人们在道德意识支配下表现出来的有利于他人、集体和社会的行为。职业道德行为习惯的养成有一个反复磨炼的过程，在这个过程中，职业行为总会有不完全符合职业道德要求的方面，需要不断地自我检查，不断地矫正自己的行为方向，从而培养出良好的职业道德行为习惯。

第二节　车间工作安全作业

一、车间工作安全作业概述

汽修企业车间安全主要包括三项内容：人身安全、公共安全、财产安全。人身安全是指

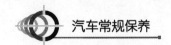

自己或他人生命、健康和健全方面的安全，公共安全是指周边及社会人或物的安全，财产安全是指维修企业内客户财产、公司财产的安全。

二、车间工作安全作业基本要求

遵规守纪，防微杜渐，三思而行。

遵规守纪：遵守安全规章制度，遵守国家相关法规。安全方面的制度和法规是在血的教训的基础上建立的，应严格执行，不让悲剧重演。

防微杜渐：安全事故的产生不是一蹴而就的，很多隐患是在工作过程中逐渐累积的，发现问题并及时有效地处理是最好的解决方法。

三思而行：安全意识淡薄、做事不计后果往往是突发事故发生的主要原因，所以凡事三思而行、不懂就问也是防范安全事故发生的很好的方法。

第三节　常用车间安全标识识别

一、禁止标识识别

禁止标识如图 1-3-1 所示。

5
限速
禁止烟火
禁止吸烟
禁止装有心脏
起搏器的人员靠近
禁止合闸

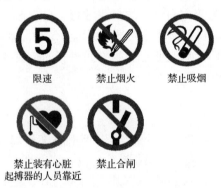

图 1-3-1　禁止标识

二、警告标识识别

警告标识如图 1-3-2 所示。

注意安全
小心滑倒
小心触电
注意高温
小心中毒
小心腐蚀
小心机械
小心铁屑
小心爆炸
高压警告/危险蓄电池

图 1-3-2　警告标识

三、指令标识识别

指令标识如图 1-3-3 所示。

通风　　　　　　戴防毒面具　　　　　　戴防尘口罩

戴护目镜　　　　　　注意卫生

图 1-3-3　指令标识

四、提示标识识别

提示标识如图 1-3-4 所示。

紧急出口　　　　　　　　　　　安全通道

图 1-3-4　指示标识

第四节　车间安全防范与应急处理

一、车间防火安全

保证车间内通道处畅通（图 1-4-1），禁止摆放任何物品或停放车辆。保证车间地面无杂物，如零件或工具，避免影响人员撤离。保证地面无残余油液。

图 1-4-1　车间内通道处畅通

在更换滤芯、汽油泵及清洗节气门时，必须保证通风良好，并将灭火器放置在维修现场，必要时断开蓄电池正极。

车间、仓库和废品库内的特定位置应放置"禁止烟火"或"禁止吸烟"的标识（图1-4-2）。使用过后带有油脂的废抹布、手套禁止堆放，须及时带出车间。

图1-4-2　禁烟标识

给蓄电池充电时，必须保证接线柱接触良好，并保持通风良好，同时设置"禁止烟火"的标识。充电时，现场必须有人值守。

灭火器使用注意事项：应熟知灭火器位置；灭火器气压表的指针应指向绿色区域，否则不可使用（图1-4-3）；应定期检查灭火器是否在可用时限范围内，一旦超出范围，必须更换。

灭火器种类如图1-4-4所示。

干粉式灭火器　二氧化碳灭火器　泡沫式灭火器

图1-4-3　灭火器气压指示　　　　　图1-4-4　灭火器种类

灭火器的使用如图1-4-5所示，具体步骤如下。

（1）快速跑向火场，摇晃灭火器数次。

（2）在距离起火点5m处，拔下保险销。

（3）在距离起火点2～3m处，一只手握住喷嘴，另一只手用力压下压把，对准火焰根部喷射。

 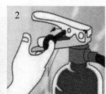  

图1-4-5　灭火器的使用

问题：

（1）火灾现场烟雾较大时，应该怎样逃生？

（2）为了快速逃生，使用电梯是最好的方法吗？

（3）如果出口被火焰吞噬，应该怎么办？

（4）发生火灾时，如果自己慌乱了，会造成什么后果？

答案：

（1）使用简单防护装置捂住口鼻（图1-4-6）。

（2）不得使用电梯。

（3）寻找避难场所，等待救援。

（4）如果乱了分寸，就想不出逃生的办法，会危及生命。

图1-4-6　火灾逃生

注意：遇到火灾时，在确保人员安全的前提下，应尽快拨打火警电话。

身上着火时，应采用以下方法处理。

（1）迅速脱去着火的衣服，用水浇灌或卧倒打滚等，熄灭火焰（图1-4-7）。

（2）切忌奔跑喊叫，以防止头面部、呼吸道损伤。

图1-4-7　身上着火自救

热液烫伤：轻微热液烫伤，可以脱去热液浸湿的衣服，用冷水冲洗带走热量；严重热液烫伤，需要及时就医。

化学烧伤：如蓄电池电解液中的稀硫酸烧伤。应脱去被浸湿的衣服，迅速用大量清水长时间冲洗，尽可能去除创面上的化学物质。另外，车间应配备自动清洗装置或便携清洗喷淋

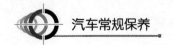

装置。

电烧伤：应先切断电源，再接触伤者，如伤者出现心跳、呼吸停止，应立即进行心肺复苏和人工呼吸，待呼吸、心跳恢复后及时送附近医院进一步治疗。如发生电弧烧伤，应先切断电源，然后按火焰烧伤处理。

烫伤与烧伤救护如图 1-4-8 所示。

热液烫伤　　　　　化学烧伤　　　　　电烧伤

图 1-4-8　烫伤与烧伤救护

二、车间用电安全

触电预防规范：做好防护工作，定期检查用电设备。

电击救护：关掉电闸，切断电源，用不导电物体（如干燥的木棍、竹棒或干布等）使伤员尽快脱离电源，然后施救。救护者可站在干燥的木板上或穿上不带钉子的胶底鞋，用一只手（千万不能同时用两只手）去拉触电者的干燥衣服，使触电者脱离电源。

发动机维护保养

第一节 发动机润滑系统的维护保养

一、发动机润滑系统概述

发动机是汽车的"心脏"，发动机内有许多相互摩擦运动的金属表面，这些部件运动速度快、工作环境差，工作温度可达 400～600℃。在这样恶劣的工况下，只有合格的机油才可减少发动机零件的磨损，延长发动机使用寿命。

二、发动机润滑系统的作用

（1）润滑：油膜将相对运动的零件表面隔开，从而达到减少磨损的目的。

（2）辅助冷却降温：在发动机工作时，机油能够将热量带回机油箱再散发至空气中，辅助水箱冷却发动机，真正起冷却作用的是发动机壳体内部水道中的水（或防冻液）。现在很多汽车都装有活塞冷却喷嘴，就是利用机油对活塞进行强制冷却。

（3）清洁：好的机油能够将发动机零件上的碳化物、油泥、磨损金属颗粒通过循环带回机油箱，通过机油的流动，冲洗零件工作面上产生的脏物。

（4）密封防漏：机油可以在活塞环与汽缸壁之间形成一个密封圈，减少气体泄漏和防止外界污染物进入。

（5）防锈防蚀：机油能吸附在零件表面，防止水、空气、酸性物质及有害气体与零件接触。

（6）减振缓冲：发动机汽缸内压力急剧上升，会突然增大活塞、活塞销、连杆和曲轴轴承上的负荷，这个负荷经过轴承传递至油膜，对冲击负荷有缓冲的作用。

（7）减少磨损：在摩擦面间加入润滑剂，能降低摩擦系数，可以减少磨粒磨损、表面疲劳、黏着磨损等。

三、发动机机油的等级特性与选用

（一）API

API 是美国石油协会的简称，API 等级代表发动机机油质量的等级，它采用简单的代码来描述发动机机油的工作能力。API 发动机机油分为两类："S"开头系列代表汽油发动机用油，

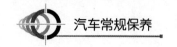

规格有 API SA、SB、SC、SD、SE、SF、SG、SH、SJ、SL、SM、SN（图 2-1-1）；"C" 开头系列代表柴油发动机用油，规格有 API CA、CB、CC、CD、CE、CF、CF-2、CF-4、CG-4、CH-4、CI-4。当 "S" 和 "C" 两个字母同时存在时，则表示此机油为汽柴通用型。从 "SA" 到 "SN"，字母越靠后，机油质量等级越高，国际品牌中机油级别多在 SF 级别以上。主要参数如下。

SH：锌含量限制为 1300ppm，磷含量为 1200ppm。

SJ：锌含量限制为 1100ppm，磷含量为 1000ppm。

SL：锌含量限制为 1100ppm，磷含量为 1000ppm。

SM：锌含量限制为 870ppm，磷含量为 800ppm。

SN：锌含量限制为 870ppm，磷含量为 800ppm。

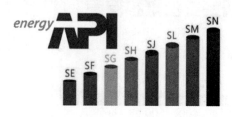

图 2-1-1　API 机油等级阶梯图

（二）ACEA

ACEA 是欧洲汽车制造业对汽车机油的检验认证标准，在技术要求上要高于美国 API 标准。欧洲在发动机设计、车辆行驶条件、节能和环境保护等方面与美国有显著差别，这种差别也反映在欧洲汽车制造商对机油性能的关注重点及程度上。欧洲汽车制造业十分注重节能，把汽车燃料经济性放在首位，兼顾动力性和排放性能。ACEA 机油等级如图 2-1-2 所示。

（1）A1：经济燃油，低黏度，相当于 API SJ 级别。

（2）A2：相当于 API SG、SF 级别。

（3）A3：较高等级产品，相当于 API SL 级别。

（4）A4、A5：相当于 API SM 或以上级别。

图 2-1-2　ACEA 机油等级

对图 2-1-2 中的数字标号解释如下。

① 1 表示特殊要求，2 表示一般要求，3 表示严格要求。

② B 表示轻型柴油发动机，C 表示发动机采用先进的后处理系统，E 表示重型柴油发动机。

③ A 表示汽油发动机。

（三）SAE

SAE 是美国汽车工程师协会的英文缩写，SAE 等级代表机油的黏度等级。SAE 规定了 11 个机油黏度级别，表示在什么大气温度下使用什么级别的机油。这 11 个级别中有 6 个是冬季机油，用英文字母 W 表示，即 0W、5W、10W、20W、25W。W 前边的数字表示该级机油适用的最低温度，数字越小，温度越低。例如，SAE 0W 适用的最低温度是–35℃，SAE 5W 适用的最低温度是–30℃。夏季机油不用字母表示，直接标注数字，共有 20、30、40、50、60 五个级别，这些数字表示机油适用的最高温度。

（四）机油等级间的关系

ACEA 机油等级与 API 机油等级之间的对应关系如下。

（1）汽油发动机机油。

A1——经济燃油，低黏度，相当于 API SJ 级别（半合成及全合成机油）。

A2——主要产品区间，相当于 API SG、SF 级别（矿物油及半合成机油）。

A3——较高等级产品，相当于 API SL 级别（半合成及全合成机油）。

A4、A5——最高等级产品，相当于 API SM 或以上级别。

（2）轻型柴油发动机机油。

B1——经济燃油，低黏度，相当于 API SJ 级别（半合成及全合成机油）。

B2——主要产品区间，相当于 API SG、SF 级别（矿物油及半合成机油）。

B3——较高等级产品，相当于 API SL 级别（半合成及全合成机油）。

B4、B5——最高等级产品，相当于 API SM 或以上级别。

黏度标准：在欧洲，依然采用 SAE 黏度标准，用于区别机油所适用的不同的温度范围。

性能标准：主要采用 API 标准，用于区别机油的性能、质量，其他标准有 ACEA、JASO（日本汽车标准组织）及各发动机制造商的标准。对比美国 API 标准，欧洲 ACEA 标准的质量要求更高也更苛刻。

（五）分类

根据发动机的不同，机油分为两冲程机油和四冲程机油。机油因其基础油不同可分为矿物油及合成油两种。合成油又分为全合成机油及半合成机油。全合成机油与半合成机油的区别如下。

1. 更换周期不同

半合成机油在使用过程中半年或者 7500km 更换一次，全合成机油在使用过程中一年或者 10000km 更换一次。

2. 适用温度不同

全合成机油适用温度范围更广，在相同的工作环境下，全合成机油用较低的黏度就可以达到保护发动机的目的，而半合成机油使用要求相对较高。

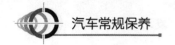

3. 适用车况不同

半合成机油适用于经济型、小排量、平顺驾驶的车型，全合成机油可用于各种严酷和恶劣的条件下。

4. 使用的添加剂不同

全合成机油使用的添加剂 TBN 含量高，机油更换周期长，可清洁发动机；半合成机油使用的添加剂 TBN 含量低，机油更换周期短，会产生硫化盐灰。有的机油添加了陶瓷或者纳米材料，机油呈白色或彩色，机油更换周期可延长到 15000km 以上。

（六）机油的选用（表2-1-1）

表 2-1-1 机油的选用

黏度标号	适用场景
5W、5W/20	气温在-45～30℃的地区使用（严寒区冬季）
10W、10W/40	气温在-35～10℃的地区使用（寒区冬季）
10W/30、10W/40	气温在-35℃以上的地区可全年使用
10W/40、20	气温在-15～5℃的地区使用
20、30	气温在-10℃以上的地区使用
30、40	夏季磨损较大的发动机使用
40、50	供要求高黏度机油的柴油机（钻井机）使用

四、发动机机油滤清器

机油滤清器（图2-1-3、图2-1-4）简称机滤，又称机油格，用于去除机油中的灰尘、金属颗粒、沉淀物和尘烟颗粒等杂质，保护发动机。

图 2-1-3　铁质外壳机油滤清器

图 2-1-4　纸质机油滤清器

机油滤清器分为全流式与分流式。全流式机油滤清器串联于转向助力油泵和主油道之间，因此能滤清进入主油道的全部机油。分流式机油滤清器与主油道并联，仅过滤转向助力油泵送出的部分机油。

机油滤清器按结构分为可换式、旋装式、离心式。机油滤清器所使用的过滤材料有滤纸、毛毡、金属网、非织造布等。

五、发动机润滑系统维护保养操作技能

（一）机油的检查

1. 有油尺检查

（1）检查前，应把车辆停放在水平地面上，启动发动机空转 5min。

（2）停止发动机运转，等待 3min 后，拔出油尺并擦干净，然后重新插入油尺并再次取出，记录油尺上的油位。

（3）油位应在 MAX 标记和 MIN 标记之间（图 2-1-5）。

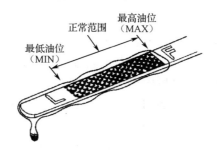

图 2-1-5　机油油位的检查

（4）将机油倒在手指之间捻磨，检查其黏度（图 2-1-6），检查有无汽油味和水泡等，应该有润滑性、无磨屑、无摩擦感，如果手指之间有较强的摩擦感，则表明机油内有杂质。

图 2-1-6　机油黏度的检查

（5）如果油位太高，应及时查明原因予以排除，其原因可能是冷却液或汽油进入曲轴箱内。

2. 无油尺检查

通过中央车载系统调取车辆仪表的机油油量检测窗口，直接读取机油油位（图 2-1-7）。

图 2-1-7　无油尺检查

3. 机油质量检查

（1）抽出油尺靠近鼻子闻一闻，如有极强的酸臭味，则表示机油需要更换。

（2）取出少许机油放在手指上搓捻。搓捻时，如有黏稠感，并有拉丝现象，无发涩感，说明机油未变质，仍可继续使用，否则应更换。

（3）使用机油测试试纸，将机油滴到试纸上静置4～5h，观察机油在试纸上的扩散油环，如无明显分层，中心无明显黑点，则说明机油仍可使用（图2-1-8）。

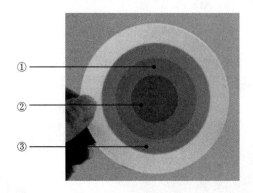

图 2-1-8　试纸检测

① 扩散环：沉积环外围的环带称为扩散环，它是悬浮在油内的细颗粒杂质向外扩散留下的痕迹。颗粒越细，扩散得越远。扩散环的宽窄和颜色的均匀程度是重要因素，它表示油内添加剂对污染杂质的分散能力。

② 沉积环：处于正中心的位置，颜色越深，表示机油中杂质含量越高。

③ 油环：油环在扩散环的外围，颜色由浅黄色到棕红色，表示油的氧化程度。

（二）机油的更换步骤

1. 确定机油的更换周期和类型

应根据厂家制定的标准确定机油的类型和更换周期。

一般全合成机油更换周期为 10000km，半合成机油更换周期为 7500km，矿物油更换周期为 5000km。

应根据发动机磨损程度适当调整机油黏度，一味强调低黏度可能导致发动机磨损加剧、发生异响等。

此外，还要根据发动机技术状况选择合理的黏度系数。

2．排放机油

机油的排放方式有两种，一种是重力放油，另一种是用抽油机抽油。

重力放油的优点：机油排放比较彻底，可以观察机油油质，还可通过检查油底壳放油螺钉初步判断发动机磨损情况，在修理厂比较常用。

3．更换机油滤芯

（1）完全拆卸机油滤芯之前，应先松动机油滤芯，使里面剩余的机油全部流出来。

（2）安装时必须使用新的机油润滑密封圈，先徒手将新机油滤芯拧紧，再根据车辆维修手册中的规定力矩紧固机油滤芯。

4．加注机油

（1）从发动机机油注油口加注车辆制造商规定黏度的高品质汽油发动机专用机油，直至油位达到油尺上的 MAX 标记即可停止加注。

（2）对于无油尺的发动机，应首先查阅维修技术资料，确定更换机油的油量，再通过车辆仪表窗口确定机油加注量（防止油位传感器故障）。

（3）盖紧发动机机油注油口盖，启动发动机怠速运转 5min 后停止运转，再隔 3min 后拔出油尺检查机油油位是否处在正常范围内。提示：注油口在汽缸盖罩顶部。

（三）机油泄漏的检查

检查发动机油底壳放油螺钉、机油滤清器密封接口处是否有泄漏现象，如有可适当拧紧，再运转发动机检查。如拧紧后泄漏现象还存在，应查明原因，更换新件并重新装配。

六、发动机驱动皮带维护保养

（一）发动机驱动皮带概述

在发动机上，通过驱动皮带（图 2-1-9）驱动许多辅机运转，如空调压缩机、动力转向泵、发电机等。驱动皮带断裂或者打滑会使相关的辅机丧失功能或性能下降，从而影响汽车的正常使用。

驱动皮带的作用是将发动机扭矩通过曲轴皮带盘传递给发电机、空调压缩机、动力转向泵等辅机。

每次保养时需要检查驱动皮带，查看驱动皮带是否有裂纹（图 2-1-10）、老化、松旷等现象。

图 2-1-9　发动机驱动皮带

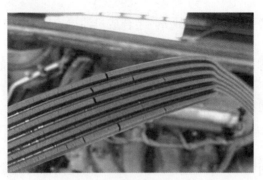

图 2-1-10　驱动皮带有裂纹

汽车发动机驱动皮带属于橡胶制品，随着工作时间的增加，驱动皮带容易发生磨损或者老化的现象，所以应在规定的时间内对驱动皮带及其附件进行更换。一般车辆行驶 60000～100000km 后，应更换汽车发动机驱动皮带。

（二）发动机驱动皮带维护保养操作技能

1. 检查发动机驱动皮带（图 2-1-11）

（1）张紧度。方法一：使用驱动皮带张力计检查张紧度。方法二：用食指勾住驱动皮带看看能否扭转 90°，超过 90° 则说明驱动皮带松旷。方法三：用拇指以 10kg 左右的压力按压两个皮带轮中间的驱动皮带，如果压下量在 10mm 左右，则表示张紧度合适；如果压下量过大，则表示驱动皮带的张紧度不足；如果几乎没有压下量，则表示驱动皮带的张紧度过大。张紧度不足时，容易出现打滑现象；张紧度过大时，容易损伤各种辅机的轴承。

图 2-1-11　检查发动机驱动皮带

（2）磨损与老化情况。检查驱动皮带的整个表面是否有磨损、裂纹或者其他损坏。
提示：如果无法检查驱动皮带的整个表面，可转动曲轴皮带轮。
（3）安装情况。检查驱动皮带以确保其正确地安装在皮带轮槽内。

2. 检查皮带轮

驱动皮带是通过张紧轮和过桥轮（惰轮）来进行动力传输的，所以在检查驱动皮带的过程中，必须检查这些轮子是否卡滞、松旷等。

3. 更换发动机驱动皮带

更换发动机驱动皮带的注意事项如下。

（1）安装时应注意驱动皮带的方向，不能装反，否则会缩短驱动皮带使用寿命。

（2）驱动皮带应至少包裹曲轴皮带轮二分之一圈。

（3）安装后应调整驱动皮带的张紧度。

1）自动张紧器

自动张紧器（图 2-1-12）通过弹簧将张力施加到驱动皮带上，所以不需要调整张紧度。

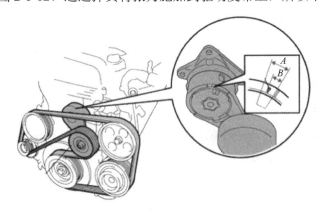

图 2-1-12　自动张紧器

检查方法：检查自动张紧器的指示器是否在范围 A 内。

提示：安装新驱动皮带时，自动张紧器的指示器应当在范围 B 内。

2）驱动皮带张紧度调整

调整驱动皮带张紧度的方法如图 2-1-13 所示。

　　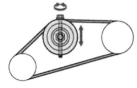

（a）无惰轮类型（有调整螺栓）　（b）无惰轮类型（无调整螺栓）　（c）有惰轮类型

图 2-1-13　调整驱动皮带张紧度的方法

无惰轮类型（有调整螺栓）如图 2-1-14 所示。

对于无惰轮类型（有调整螺栓），驱动皮带张紧度调整方法如下。

（1）松开发电机的安装螺栓和紧固螺栓，然后通过转动调整螺栓来调整驱动皮带张紧度。

（2）拧紧调整螺栓，张紧度减小；拧松调整螺栓，张紧度增大。

注意：如果在松开紧固螺栓前转动调整螺栓，调整螺栓可能会变形。

（3）检查驱动皮带张紧度，先安装紧固螺栓，再安装调整螺栓。

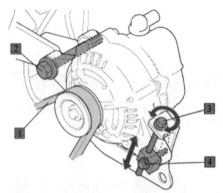

1—驱动皮带；2—紧固螺栓；3—调整螺栓；4—安装螺栓

图 2-1-14　无惰轮类型（有调整螺栓）

无惰轮类型（无调整螺栓）如图 2-1-15 所示。

对于无惰轮类型（无调整螺栓），驱动皮带张紧度调整方法如下。

（1）松开安装螺栓 2 和安装螺栓 3。

（2）用锤子等移动发电机来调整驱动皮带的张紧度，然后拧紧安装螺栓 2。

（3）检查驱动皮带的张紧度，拧紧安装螺栓 3。

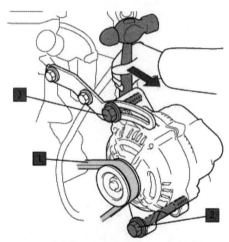

1—驱动皮带；2—安装螺栓；3—安装螺栓

图 2-1-15　无惰轮类型（无调整螺栓）

有惰轮类型如图 2-1-16 所示。

对于有惰轮类型，通过惰轮对驱动皮带施加张紧力。驱动皮带张紧度调整方法如下。

（1）松开锁止螺母，然后转动调整螺栓来调整驱动皮带张紧度。

（2）拧紧调整螺栓，张紧度减小；拧松调整螺栓，张紧度增大。

（3）拧紧锁止螺母至规定的力矩，检查驱动皮带张紧度。

上述几种驱动皮带张紧度调整方法仅供参考，实际应用时须按照厂家的车辆维修资料进行操作。

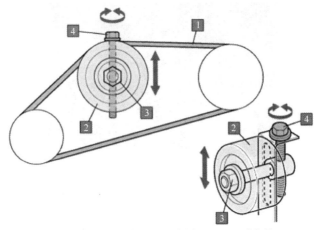

1—驱动皮带；2—惰轮；3—锁止螺母；4—调整螺栓

图 2-1-16　有惰轮类型

注意：很多车辆在发动机运行过程中出现驱动皮带异响，除了驱动皮带本身的问题，还有可能是皮带轮故障或者传动附件故障。有的维修人员在出现驱动皮带异响后在驱动皮带上涂抹机油或黄油，这样虽然可以暂时消除异响，但是时间长了会加剧驱动皮带老化，建议使用专用的橡塑件保护剂（图 2-1-17）。

图 2-1-17　橡塑件保护剂

七、发动机机脚垫维护保养

（一）发动机机脚垫概述

发动机机脚垫（图 2-1-18）是将发动机安装到车架上时用到的一种弹性结构，它可以大大减轻发动机运转时传递给车身的振动，避免乘坐不舒适，以及车身上其他零件提前损坏。普通轿车的发动机机脚垫在橡胶块的上下方分别装有两个独立螺杆，上螺杆装于发动机上，下螺杆则装于车架上，中间的橡胶块起缓冲的作用。

图 2-1-18　发动机机脚垫

（1）发动机工作时会产生一定的振动，发动机的机脚垫上有橡胶块，可以消除发动机工作时产生的共振。

（2）有些机脚垫还具有液压减振或者电液减振功能。

（3）发动机机脚垫一般为三个，固定在车身大梁上，其中一个损坏后如不及时更换，就会破坏平衡，引发另外两个加速损坏。

（二）发动机机脚垫维护保养操作技能

1. 检查发动机机脚垫

机脚垫损坏后的现象如下。

（1）冷车启动，怠速时发动机抖动明显，热车后抖动变轻甚至消失。

（2）在怠速或低速下，能感觉到方向盘、刹车踏板在振动。

（3）过减速带等起伏路面时，在机脚垫损伤严重的情况下会听到咚咚声，或者金属晃动的咯吱声。

机脚垫损坏后，主要现象就是车辆抖动或振动。当车辆出现上述现象时，应检查机脚垫是否老化、损坏及机脚垫固定螺栓是有松动（图 2-1-19、图 2-1-20）。

图 2-1-19　检查发动机机脚垫

图 2-1-20　机脚垫老化

2. 机脚垫的更换

机脚垫的主体是橡胶块，它很耐用，只要驾驶得当，通常不用更换。如果机脚垫只损坏一个，一般建议成套更换，只换一个容易造成高度不一致的问题。

 课后练习

1. 实际维修中，选择发动机机油应考虑哪些因素？
2. 发动机皮带异响，应该做哪些检查？

第二节 发动机点火系统的维护保养

一、发动机点火系统概述

汽车发动机点火系统按照各缸点火次序，定时供给火花塞足够的高压电（15000～30000V），使火花塞产生足够强的火花，点燃可燃混合气。

二、发动机点火系统组成及原理

（一）点火线圈

1. 工作原理

传统点火线圈中有两组线圈，即初级线圈和次级线圈。初级线圈一端与车上低压电源连接，另一端与开关装置（断电器）连接。次级线圈一端与初级线圈连接，另一端与高压线输出端连接，输出高压电。点火线圈可将低压电变成高压电，点燃可燃混合气，使发动机对外做功。

随着电子技术的发展，现代汽车普遍采用电子点火线圈，这种点火线圈点火能量更高，能耗更低，结构更加紧凑。

2. 发动机点火方式

双缸点火（图2-2-1）：双缸点火方式是指两个汽缸合用一个点火线圈，即两个火花塞共用一个点火线圈且同时点火，这时一个是有效点火，另一个则是无效点火，前者处于高压低温的混合气之中，后者处于低压高温的废气中，因此两火花塞电极间的电阻不一样，产生的能量也不一样，导致有效点火的能量大得多，约占总能量的80%。

图2-2-1 双缸点火

单缸点火（图2-2-2）：每个汽缸分配一个或两个点火线圈，点火线圈直接安装在火花塞的顶上，取消了高压线束。由于取消了分电器和高压线束，能量传导损失及漏电损失极小，没有机械磨损，而且各缸的点火线圈和火花塞装配在一起，外面用金属包裹，大幅减少了电磁干扰，可以保障发动机电控系统的正常工作。

图 2-2-2　单缸点火

3. 使用注意事项

点火线圈如果使用不当，会造成点火线圈损坏，因此应注意以下几点。

（1）防止点火线圈受潮或积聚灰尘。

（2）发动机不运转时不要长时间打开点火开关（现代汽车无须考虑这方面）。

（3）经常检查、清洁、紧固线路接头和线束，避免其短路或搭铁（特别是欧洲汽车采用环保线束，使用寿命有限，需要定期更换）。

（4）防止高压套橡胶老化漏电。

（5）点火线圈上的水只能用布擦干，不能用火烘烤，否则会损坏点火线圈。

（二）火花塞

1. 功用

火花塞俗称火嘴。火花塞的功用是将上万伏的高压电引入燃烧室，并产生电火花点燃可燃混合气，与点火系统和供油系统配合使发动机做功，它在很大程度上决定着发动机的性能。

2. 结构与型号

火花塞的结构如图 2-2-3 所示。

火花塞按照中心电极和侧电极的材质不同可分为镍合金火花塞、银合金火花塞、铂合金火花塞、铱金火花塞、铱铂金火花塞、双铱金火花塞等。

火花塞应选用发动机厂家规定的适用型号，以发挥其最佳性能。下面以 BP5ES-11 为例，对火花塞的型号进行解析。

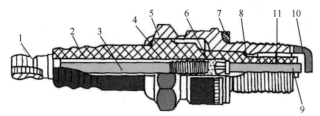

1—接线螺母；2—绝缘体；3—金属杆；4—内垫圈；5—壳体；6—导体玻璃；

7—密封垫；8—内垫圈；9—中心电极；10—侧电极；11—绝缘体裙部

图 2-2-3　火花塞的结构

（1）第一位英文字母表示螺纹直径，不同的螺纹直径适用于不同的发动机缸体，如图 2-2-4 所示。不同字母表示的螺纹直径如下。

A——18mm。

B——14mm。

C——12mm。

D——10mm。

E——8mm。

（2）第二位英文字母表示火花塞类型，具体含义如下。

P——绝缘体凸型。

R——电阻型。

U——半沿面或沿面放电型。

（3）第三位数字表示热值（图 2-2-5）。转速较低的发动机要求热值低，转速较高的发动机要求热值高。

螺纹直径

图 2-2-4　火花塞螺纹直径

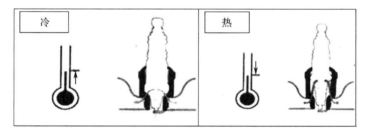

冷　　热

图 2-2-5　火花塞热值

螺纹长度

图 2-2-6　火花塞螺纹长度

（4）第四位英文字母表示螺纹长度（图 2-2-6），具体含义如下。

E——19.0mm。

H——12.7mm。

L——11.2mm。

（5）第五位英文字母表示构造特征，具体含义如下。

S——标准型电极。

Y——中心电极。

V——V 形切口中心电极。

K——外侧两极电极。

T——外侧三极电极。

B——CVCC 发动机专用。

M——外侧两极电极（转子发动机专用）。

Q——外侧四极电极（转子发动机专用）。

J——两极斜放电极。

A——特殊规格。

C——斜放电极。

P——白金片式电极。

U——半沿面型电极。

（6）最后一位数字表示点火间隙（图 2-2-7），它由发动机点火电路的设计能耗储备释放效率决定。点火间隙越大，所需点火能耗储备越高，火花越强，动力性能越好。具体含义如下。

9——0.9mm。

10——1.0mm。

11——1.1mm。

13——1.3mm。

图 2-2-7　火花塞点火间隙

选用的火花塞型号与发动机要求不符，会引发爆震和过热，导致发动机转速不稳或行驶无力。

3. 火花塞使用注意事项

（1）高热值的火花塞散热快，易使火花塞温度过低，影响燃烧，导致火花塞头部产生积炭，引起漏电，使火花塞无法产生火花。

（2）低热值的火花塞散热慢，火花塞温度高，容易引起发动机爆燃。

（3）通常情况下，高热值的火花塞适用于压缩比高、工作温度高的发动机。

（4）应选择符合发动机设计规格的火花塞。

三、发动机点火系统维护保养操作技能

（一）点火线圈的检查与保养

（1）从发动机上拆下点火线圈。注意：不要抽拉或弯曲点火线圈，以避免损坏内部的导线。

（2）目视检查高压线束表面有无龟裂、破损、漏电烧蚀痕迹，如有则更换所有高压线束。

（3）用万用表测量点火线圈的初级及次级线圈电阻值（图2-2-8），如测量结果不符合标准值，则应更换点火线圈。

图2-2-8　测量点火线圈的初级及次级线圈电阻值

（二）火花塞的检查与保养

（1）除去火花塞周围汽缸盖上的灰尘。

（2）断开火花塞上的点火线圈插头。

（3）使用压缩空气清洁火花塞安装孔。

（4）使用专用工具拧松火花塞并取出火花塞（图2-2-9）。

图2-2-9　取出火花塞

（5）取出火花塞之后，安装新火花塞之前，须用干净的无尘抹布堵住火花塞安装孔，防止灰尘与异物掉入汽缸。

（6）用塞尺检查火花塞点火间隙（图2-2-10），若点火间隙过大或过小应调整（图2-2-11）或更换。

（7）检查火花塞陶瓷绝缘层是否破损、漏电。

（8）安装新火花塞。

注意：确保使用规定热值和尺寸的新火花塞。

（9）安装点火线圈，连接插头。也可以在高压线束外套和火花塞绝缘陶瓷上涂抹绝缘脂。

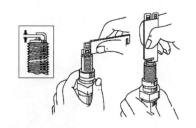

图 2-2-10　检查火花塞点火间隙　　　　图 2-2-11　调整火花塞点火间隙

课后练习

1. 实际维修中，选择火花塞应该考虑的因素有哪些？
2. 发动机线束检查中应该着重检查哪些部分？

第三节　发动机进气系统的维护保养

一、发动机进气系统概述

进气系统由空气滤清器、节气门、进气歧管、气门、进气压力传感器、附加空气阀、怠速控制阀、谐振腔、动力腔等组成。

进气系统的主要功能是为发动机输送清洁、干燥、充足而稳定的空气以满足发动机的需求，避免空气中的杂质及大颗粒粉尘进入发动机燃烧室造成发动机异常磨损。进气系统的另一个重要功能是降低噪声，进气噪声不仅影响整车通过噪声，而且影响车内噪声，这对乘车舒适性有着很大的影响。进气系统设计的好坏直接影响发动机的功率及噪声品质，关系到整车的乘坐舒适性。合理设计消声元件可降低进气系统噪声。

二、空气滤清器简介

1. 作用

空气滤清器的作用是清除空气中的微粒杂质，让清洁、干燥的空气进入发动机汽缸。发动机在工作过程中要吸进大量的空气，如果空气不过滤，空气中悬浮的尘埃被吸入汽缸，就会加速活塞组及汽缸的磨损。较大的颗粒进入活塞与汽缸之间，会造成严重的"拉缸"现象，这在干燥多沙的工作环境中尤为严重。

2. 类型

空气滤清器（图 2-3-1）一般有纸质和油浴式两种，纸质空气滤清器具有滤清效率高、质量小、成本低、维护方便等优点，因此被广泛采用。纸质空气滤清器又分为干式和湿式两种滤芯，市面上绝大部分轿车采用干式滤芯。干式滤芯材料为滤纸或无纺布。为了增大空气通过面积，滤芯大都加工出许多细小的褶皱。当滤芯轻度污损时，可以使用压缩空气吹净。当滤芯污损严重时，应当及时更换。

湿式滤芯使用海绵状的聚氨酯类材料制造，装用时应滴上一些机油，用手揉匀，以便吸附空气中的异物。滤芯污损之后，可以用清洗油进行清洗，过分污损应该更换。

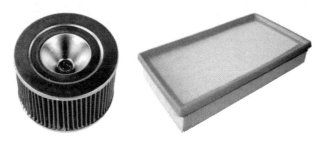

图 2-3-1　空气滤清器

3. 影响

如果滤芯阻塞严重，将使进气阻力增大，发动机功率下降。同时由于空气阻力增大，也会增加吸进的汽油量，导致可燃混合气过浓，从而使发动机运行状态变坏，增加燃料消耗，也容易产生积炭。平时应该经常检查空气滤清器滤芯。

三、发动机进气系统维护保养操作技能

在一般道路情况下，汽车行驶 7500～8000km 后必须对空气滤清器进行维护。在灰尘较多的地区，维护的间隔应相应缩短。

当汽车行驶里程达到空气滤清器维护规定的间隔里程时，必须清洁空气滤清器。

一般建议汽车行驶里程达到 20000km 时对空气滤清器进行更换，在灰尘较多的地区更换周期应相应缩短。

1. 操作步骤

（1）拆卸滤芯。

（2）检查并使用压缩空气清洁滤芯（图 2-3-2）。注意：使用压缩空气清洁滤芯时，必须顺着空气进入的方向吹气，否则有可能损坏滤芯的内部结构。

（3）安装滤芯。

图 2-3-2　清洁滤芯

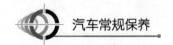

2. 注意事项

（1）正确安装空气滤清器，保证安装在原位。

（2）正确选择滤芯，谨防劣质产品。

（3）注意纸质滤芯的清洁（轻拍法、吹洗法）。

 课后练习

空气滤清器对发动机性能的具体影响有哪些？

第四节　发动机燃油供给系统的维护保养

一、发动机燃油供给系统概述

发动机燃油供给系统的任务是根据发动机各种不同工况的要求，提供燃油和进入发动机的空气混合成达到可燃浓度的优质混合气，供给汽缸燃烧室，使其在临近压缩终了时点火燃烧而膨胀做功。

汽油机燃油供给系统有低压供给模式和高压供给模式。低压供给模式是将燃油喷射到进气歧管内，与空气混合成可燃混合气，再吸入燃烧室内。高压供给模式是将燃油直接喷射到汽缸内与压缩空气混合，称为缸内直喷系统。

柴油发动机一般直接将燃油喷进汽缸内。

二、发动机燃油供给系统组成

发动机燃油供给系统主要由以下部件组成：油箱（存油）、燃油泵（供油）、燃油滤清器（过滤燃油杂质）、供油管道和燃油压力调节器（调压，使多余的油回到油箱）、高压油泵（升压）、燃油调节电磁阀（调节高压）、燃油压力传感器（检测高压）、燃油轨（分配、连接）、喷油嘴（喷射）。

（1）燃油滤清器（图 2-4-1）串联在燃油泵至燃油轨进油口之间的管路上。

图 2-4-1　燃油滤清器

（2）燃油滤清器的作用是过滤掉燃油中的颗粒物、水及污物，保证燃油系统精密部件免受磨损、堵塞及损害。

（3）燃油滤清器的滤芯应根据车辆行驶里程、使用的燃油质量情况定期更换，以确保发动机稳定运行。

（4）燃油滤清器壳体内有一个滤芯，滤芯的微孔的平均直径为 10μm，并串接一个棉纤维制成的过滤筛，以达到较好的滤清效果。滤芯的形式通常有两种，即菊花形和涡卷形。

三、发动机燃油供给系统维护保养操作技能

多数发动机上安装的都是一次性整体式燃油滤清器，它不可分解、只能更换，属于消耗件；更换周期随车型不同差别较大，一般为 40000～600000km；如果车辆经常在尘土较多的地方行驶，维护、更换燃油滤清器的里程还要相应缩短。

1. 燃油压力的释放

（1）拆卸油泵熔丝或燃油继电器。

（2）启动发动机，直至熄火。

（3）多次启动发动机泄压。

（4）安装油泵熔丝或燃油继电器。

2. 外置式燃油滤清器

在对外置式燃油滤清器进行养护时，应该检查与燃油滤清器相连接的燃油管路，检查燃油管路外表面是否有沉淀物、铁锈、润滑机油、磨损和划痕等。

现在许多新型燃油滤清器附带两条橡胶软管，橡胶软管从燃油滤清器的两侧引出，使燃油滤清器和汽车上的油路连在一起。在更换燃油滤清器时应视情况更换原来的橡胶软管，检查橡胶油管是否龟裂、老化、是否发生泄漏。

（1）拆卸旧滤芯（图 2-4-2）。

图 2-4-2　拆卸旧滤芯

（2）安装新滤芯时要注意安装方向，外置式燃油滤清器滤芯上的箭头方向为燃油输送到发动机的方向（图 2-4-3）。

图 2-4-3　滤芯安装方向

（3）装复后的试压与检漏。

① 检查管路和滤芯连接处是否有渗漏现象（图 2-4-4）。

② 确认滤芯安装可靠后，启动发动机检查。

③ 如无问题，则安装滤芯的防护罩等附件，完成更换过程。

图 2-4-4　检查管路和滤芯连接处

3. 内置式燃油滤清器

（1）内置式燃油滤清器的滤芯与油泵总成合为一体，安装在油箱内部。更换时，首先释放燃油压力，放出过多的燃油。

（2）拆下连接油泵总成与油箱的燃油软管之后，用盖子盖住进油管以避免灰尘进入油箱。

（3）拆下油泵之后，检查燃油过滤网是否有锈污、灰尘堵塞、破损，必要时应更换。

（4）更换内置式燃油滤清器（图 2-4-5），安装油泵装配盖密封圈，并确保密封良好。

图 2-4-5　内置式燃油滤清器

课后练习

简述滤芯对发动机性能的影响，以及更换滤芯的条件和要点。

第五节 发动机冷却系统的维护保养

一、发动机冷却系统概述

发动机冷却系统是将汽车发动机工作时高温零件所吸收的热量及时带走，使它们保持在正常的温度范围内工作的装置（图 2-5-1）。

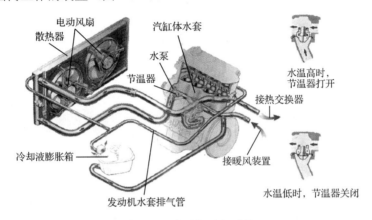

图 2-5-1 发动机冷却系统

发动机的冷却必须适度，如果冷却过度，将使传热损失增大，燃油经济性变差，燃油蒸发雾化不良，燃烧恶化；低温下机油黏度增大，使摩擦损失增大；温度过低还会使汽缸的腐蚀及磨损加剧。这些都将导致发动机输出的有效功率下降，经济性变差，发动机使用寿命缩短。现代发动机中，冷却系统带走的热量占发动机燃料实际放热量的四分之一到三分之一。

在整个冷却系统中，冷却介质是冷却液，主要零部件有节温器、水泵、散热器、散热风扇、水温感应器、储液罐、冷却水管等。

二、发动机冷却系统组成与原理

（一）储液罐

储液罐（图 2-5-2）的作用是补充冷却液和缓冲热胀冷缩的变化，所以不要加液过满。如果储液罐完全用空，就不能仅在储液罐中加液，需要开启散热器盖检查液面并添加冷却液，否则储液罐就失去了功用。

图 2-5-2　储液罐

（二）冷却液

1. 概述

冷却液通常由低钙质水、防冻剂和防腐添加剂混合而成。许多发动机都使用含硅酸盐的冷却液。这种冷却液的颜色为蓝色或绿色。含硅酸盐的冷却液会在部件表面形成一层硅酸盐保护层。

只有使用新冷却液时才能形成这种保护层。更换冷却液泵、散热器、汽缸盖密封垫等部件时通常也要更换冷却液（图 2-5-3），以确保形成新的保护层。

图 2-5-3　更换冷却液

有些发动机使用以氨基酸为基础的冷却液。这种冷却液的颜色为粉红色。使用以氨基酸为基础的冷却液时，部件表面会受腐蚀形成氧化层，从而起到保护的作用。

2. 分类

冷却液一般分为乙醇–水型、乙二醇–水型（绿色）、甘油–水型（蓝色）、无水型等。

（1）乙醇–水型冷却液的冰点为–114℃，沸点为78.3℃，酒精含量必须低于40%。这种冷却液取材容易，制配简单，较经济，易挥发。

（2）甘油–水型冷却液的冰点为–17℃，沸点为290℃，颜色为蓝色。

（3）乙二醇–水型冷却液的冰点为–11.5℃，沸点为197.4℃，颜色为蓝色。

（4）无水型冷却液呈油性，颜色为淡黄色。

目前常用的冷却液为乙二醇–水型，具有防冻、防沸、防腐的特点。

3. 冷却液的选用

（1）根据车辆使用环境温度选择相应冰点的冷却液。
（2）根据车型要求选择冷却液。
（3）兼顾防锈、防腐及除垢能力来选择冷却液。
（4）选用与橡胶密封件和橡胶水管相匹配的冷却液。

三、发动机冷却系统维护保养操作技能

（一）冷却液液位与冰点检查

1. 冷却液液位检查

应每天检查冷却液液位。在发动机处于冷态时检查储液罐中的冷却液液位。冷却液液位应在"min"标记和"max"标记之间（图2-5-4）。

图2-5-4　检查冷却液液位

当发动机很热时，冷却液液位会升高。检查冷却液液位应在发动机冷却的情况下进行。必要时应补充冷却液。补充冷却液时，应将冷却液慢慢地灌入散热器。

2. 冷却液冰点检查（图2-5-5）

汽车冷却液冰点的检查需要使用专用工具——冰点测试仪。

图2-5-5　冷却液冰点检查

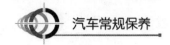

操作步骤：

（1）先清洁冰点测试仪玻璃面板，再抽取一定量的样本液体滴到玻璃面板上。

（2）覆盖冰点测试仪盖玻片，通过观察窗口看分界线的位置，即液体冰点。

（3）如果冷却液的浓度低于环境所需要的抗冻标准，则需要更换冷却液。

（二）冷却液更换步骤

（1）将车辆移至工作位置。

（2）按照安全规范的要求打开储液罐盖，用干净抹布盖好。

（3）将车顶至合适的高度。

（4）将散热器放水开关打开（图 2-5-6），将废旧冷却液排放至规定的容器内。

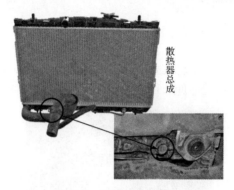

图 2-5-6　打开放水开关

（5）废旧冷却液排放完后将放水开关关好，选择所需冷却液，并按标准加至储液罐"max"标记处，不可加满，必须留有膨胀余地。

（6）加冷却液时，要启动发动机，并且打开空调制热到最大量，使冷却液随着温度升高进行大循环，大循环时会把冷却系统内的空气、水里溶解的空气及暖水箱中的空气排出，并使冷却液液位降低，应按标准补足。

（三）检查发动机冷却系统是否泄漏

1. 目视检查

检查冷却系统各管接口是否有冷却液泄漏迹象（图 2-5-7）。冷却液往往带有颜色，因此泄漏部位较为明显。应着重检查各管接头、节温器、储液罐、水泵接合面、散热器及散热器盖等部位是否有泄漏的迹象，检查冷却水管是否老化开裂、变硬、脱层等。

图 2-5-7　冷却液泄漏迹象

2. 使用水箱压力泄漏检测仪检查

（1）检查水箱压力泄漏检测仪（图 2-5-8）是否良好，配件是否齐全。

（2）检查储液罐内的冷却液液位是否正常，若缺少冷却液，应补充至正常液位。

（3）根据不同的储液罐盖选择合适的水箱压力泄漏检测仪连接盖。

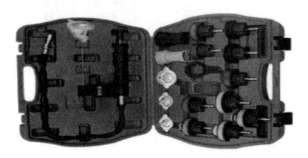

图 2-5-8　水箱压力泄漏检测仪

（4）组装、连接水箱压力泄漏检测仪（图 2-5-9）。

图 2-5-9　组装、连接水箱压力泄漏检测仪

（5）打压，将压力打至 1bar（图 2-5-10）。

图 2-5-10　打压

（6）静置 5～10min，观察压力表示值是否变化，如减小则说明冷却系统存在泄漏情况。

（7）检测结束之后必须进行泄压（图 2-5-11）。

图 2-5-11　泄压

（8）如果泄漏量不大，不易观察，可以采用荧光检漏套装工具（图 2-5-12）进行检查。

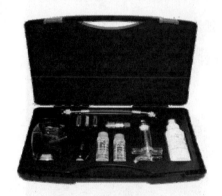

图 2-5-12　荧光检漏套装工具

 课后练习

1．实际维修中，冷却系统的检查内容有哪些？

2．不同颜色的冷却液能否混加？为什么？

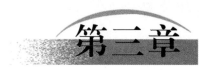

第三章

底盘维护保养

第一节　驱动系统的维护保养

一、离合器的维护保养

（一）离合器概述

离合器位于发动机和变速箱之间的飞轮壳内，用螺钉将离合器总成固定在飞轮的后平面上，离合器的输出轴就是变速箱的输入轴。在汽车行驶过程中，驾驶员可根据需要踩下或松开离合器踏板，使发动机与变速箱暂时分离或逐渐接合，以切断或传递发动机向变速器输入的动力。离合器是机械传动中的常用部件，可将传动系统随时分离或接合。

对离合器的基本要求有：接合平稳，分离迅速而彻底，调节和修理方便，外廓尺寸小，质量小，耐磨性好，有足够的散热能力，操作方便省力。

现在市场上绝大部分离合器是膜片弹簧式离合器，如图 3-1-1 所示。

图 3-1-1　膜片弹簧式离合器

（二）离合器维护保养操作技能

1. 离合器踏板高度的检查和调整

（1）检查时，掀起地毯或地板革，用直尺测量地板到离合器踏板上表面的距离。

（2）调整时，先松开限位螺栓锁紧螺母，转动限位螺栓直到踏板高度正确，再拧紧限位螺栓锁紧螺母即可，如图 3-1-2 所示。

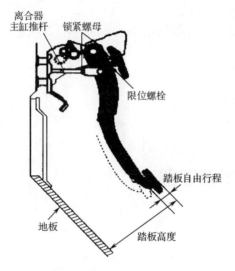

图 3-1-2　离合器踏板高度的调整

2. 离合器踏板自由行程的检查与调整

1）离合器踏板自由行程的检查

离合器踏板自由行程是离合器踏板从踩下到分离轴承与分离杠杆或膜片弹簧接触时所经过的距离，如图 3-1-3 所示。

将一把直尺放在离合器踏板的旁边，使其一端抵在驾驶室地板上，先测量踏板完全放松时的高度，再用手轻按踏板，当感到阻力增大时再测量踏板高度，两次测量的高度差即离合器踏板自由行程（图 3-1-4）。如果超出标准范围，应进行调整。

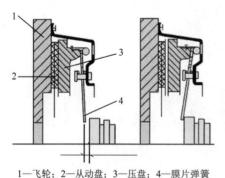

1—飞轮；2—从动盘；3—压盘；4—膜片弹簧

图 3-1-3　离合器踏板自由行程

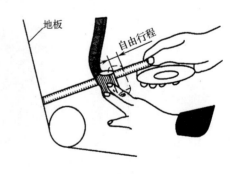

图 3-1-4　离合器踏板自由行程的测量

2）离合器踏板自由行程的调整

（1）液压式离合器操纵机构工作缸推杆长度调整。

在离合器接合时，分离轴承前端与分离杠杆内端之间有一定的轴向间隙，这一间隙称为分离轴承自由行程。这一行程反映到离合器踏板上就是离合器踏板自由行程。

当从动盘摩擦衬片因磨损而变薄时，离合器压盘前移，分离杠杆内端将后移。自由行程在使用的过程中是逐步变小的，如果没有自由行程，分离杠杆内端将不能后移，相应地限制了离合器压盘前移，从而不能有效地压紧从动盘摩擦衬片，造成离合器打滑，传递的扭矩下降。

离合器踏板自由行程太大会导致踩下离合器踏板后，离合器分离不彻底。

液压式离合器操纵机构调整自由行程的部位在离合器总泵推杆处（图3-1-5）或离合器分泵推杆处。调整自由行程时可以感觉踏板的力度。离合器踏板的总行程等于自由行程与有效行程之和，自由行程与有效行程所需要的力是不同的。

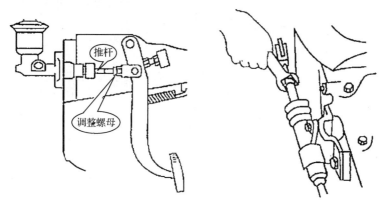

图 3-1-5　液压式离合器自由行程的调整

有的液压式离合器分泵内有弹簧，可以自动调整，如图3-1-6所示。

（2）机械式离合器操纵机构拉索的调整。

机械式离合器踏板自由行程是靠拉索的调整螺母来进行调整的，拧入调整螺母则自由行程减小，拧出调整螺母则自由行程增大，如图3-1-7所示。

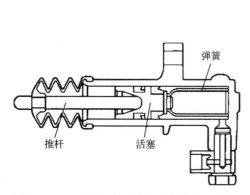

图 3-1-6　可自动调整自由行程的离合器分泵

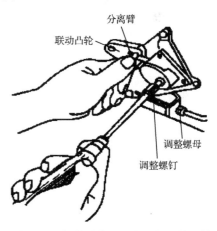

图 3-1-7　机械式离合器自由行程的调整

二、手动变速箱的维护保养

（一）手动变速箱概述

手动变速箱（图3-1-8）又称机械式变速箱，即必须用手拨动变速杆才能改变变速箱内的

齿轮啮合位置，改变传动比，从而达到变速的目的。发动机运转产生的功率、扭矩由变速箱传递给车轮，并实现车辆速度的改变。

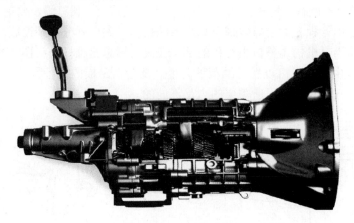

图 3-1-8　手动变速箱

（二）齿轮油

1. 齿轮油的性能

（1）齿轮油是指用于汽车机械式变速箱、驱动桥齿轮和传动机构的润滑油。

（2）齿轮油以精制润滑油为基础油，加入抗氧化、防腐蚀、防锈、消泡、极压抗磨等多种添加剂调合而成，因此具有良好的润滑性能。

（3）齿轮油的使用要求：

① 具有良好的润滑性和较高的抗压性；

② 具有适当的黏度（比发动机机油高）和较好的黏温特性；

③ 具有较好的低温流动性；

④ 具有较好的防腐性和抗氧化性；

⑤ 具有良好的消泡性。

2. 齿轮油的分类

（1）按 SAE 分类法划分为 70W、75W、80W、85W、90、140、250 共 7 个等级。带有"W"字样的为冬季用齿轮油，无"W"字样的为夏季用齿轮油。

（2）按 API 分类法及工作条件的苛刻程度划分为 GL-1、GL-2、GL-3、GL-4、GL-5、GL-6 共 6 个等级。

3. 齿轮油的选用

通常按照汽车使用说明书的规定选择与该车型相适应的齿轮油，还可参照下列原则选用齿轮油。

（1）根据当地季节气温选择齿轮油的等级（75W、80W、85W、90、140 和 250 分别适用于最低气温为 –40℃、–20℃、–12℃、–10℃、10℃和 20℃的地区）。

（2）根据齿轮类型和工况选择齿轮油。一般工作条件下的螺旋锥齿轮主减速器、变速箱和转向器等总成可选用普通车辆齿轮油；主减速器是准双曲面齿轮的，必须根据工作条件选用中负荷车辆齿轮油或重负荷车辆齿轮油。

（三）手动变速箱维护保养操作技能

1. 手动变速箱的检查

1）手动变速箱油液泄漏检查

在检查与更换手动变速箱齿轮油之前，应先检查渗漏情况，检查部件包括变速箱的接触面、轴和拉索伸出的区域、油封、加油螺栓和放油螺栓等，如图 3-1-9 所示。

图 3-1-9　检查渗漏情况

2）手动变速箱油位检查

从传动桥上拆卸加油螺栓，将手指插入孔内，检查油与手指接触的位置，如图 3-1-10 所示。

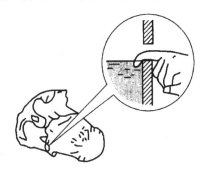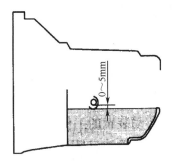

图 3-1-10　手动变速箱油位的检查

2. 齿轮油的更换

如果长期不更换齿轮油，会导致齿轮油变质，润滑效果会降低。润滑效果不好，变速箱内部的齿轮和其他部件磨损加剧，会降低变速箱的使用寿命和操纵性能，严重时会导致变速箱部件损坏。

一般建议车辆齿轮油 4 年或 60000km 左右更换一次。

更换齿轮油，如图 3-1-11 所示。

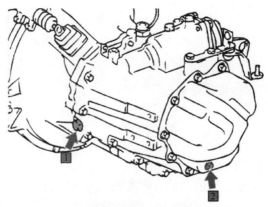

1—加油螺栓；2—放油螺栓

图 3-1-11　更换齿轮油

（1）拆卸加油螺栓、放油螺栓和两个垫片，排放齿轮油。

（2）将齿轮油排放完之后，用新垫片重新安装放油螺栓。

（3）重新加注规定量的齿轮油，不同车型的加注量不同，须查询维修手册。特别是对于没有单独加油螺栓的车辆，需要严格按照手册要求的加注量从通风口或倒挡开关处加注。

（4）用一个新垫片重新安装加油螺栓。

 课后练习

1．手动变速箱中离合器行程过大的原因有哪些？

2．手动变速箱通气孔的作用是什么？

3．齿轮油的选用标准有哪些？

三、自动变速箱的维护保养

（一）自动变速箱概述

自动变速箱的厂牌型号很多，外部形状和内部结构也有所不同，但它们的组成基本相同，都是由液力变矩器和齿轮式自动变速器组成的，常见的组成部分有液力变矩器、变速齿轮机构、离合器、制动器、转向助力油泵、滤清器、管道、控制阀体、速度调压器等，按照这些部件的功能，可将它们分成液力变矩器、变速齿轮机构、供油系统、自动换挡控制系统和换挡操纵机构五大部分（图 3-1-12）。

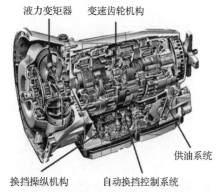

图 3-1-12　自动变速箱基本结构

（二）自动变速箱油

自动变速箱油（ATF）是指专门用于自动变速箱的集液力传递、液压控制、润滑和冷却等多项功能于一身的特殊油液。

自动变速箱油对自动变速箱的工作、使用性能及使用寿命都有着非常重要的影响。自动变速箱维护的主要内容就是对自动变速箱油的检查和更换。

自动变速箱油的特性如下。

1. 黏度特性

作为液压油应具有较高的黏度指数和良好的低温流动性，作为润滑油应保持适当的黏度。

2. 摩擦特性

减少离合器结合时的换挡冲击，并保持适当的摩擦力，避免打滑。

3. 热氧化安定性

抑制油品的高温氧化分解，防止产生油泥、漆膜等。

4. 抗磨性能

防止齿轮、轴承、转向助力油泵等磨损。

5. 抗腐蚀性能

钝化金属表面，抑制腐蚀。

6. 防锈性能

防止钢铁零件生锈。

7. 密封适应性

防止橡胶密封件有显著的膨胀、收缩或硬化现象。

8. 消泡性

防止油液中产生泡沫。

（三）自动变速箱维护保养操作技能

1. 自动变速箱的检查（图 3-1-13）

1）自动变速箱油渗漏的检查

（1）内部泄漏会导致工作压力下降，使离合器和制动器打滑、换挡延迟。内部泄漏只有通过液压系统试验才能找出泄漏部位。

（2）确保没有液体从传动桥的任何部分渗漏，外部漏油可从壳体上进行检查，自动变速箱易泄漏的部位主要有：

- 接触面；
- 轴和拉索伸出的区域；

- 油封；
- 放油螺栓和加油螺栓；
- 管道和软管接头。

图 3-1-13　自动变速箱的检查

2）检查油冷却软管

检查油冷却软管是否有裂纹、隆起或者损坏。

3）油质状况的检查

（1）可根据自动变速箱油品质的变化情况判断自动变速箱是否有故障。

（2）先观察油尺带出油液的颜色，再嗅一下油液的气味，然后用手指捻一下油液，则可根据油的颜色（图 3-1-4）、气味和杂质等情况判断自动变速箱油的品质。

（3）油液透明、呈粉红色，不含杂质或者颗粒物，表示油质正常。

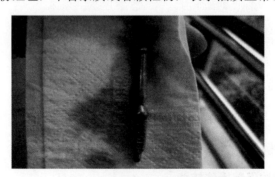

图 3-1-14　检查自动变速箱油的颜色

4）检查液位

当发动机达到正常工作温度并处于怠速状态时，按照从 P 到 L 的顺序转换换挡杆，再从 L 到 P 拉回。检查液位尺（油尺）度数是否在规定范围内，如图 3-1-15 所示。

提示：

（1）液位应当在发动机正常运行的条件下检查（75℃±5℃，167℉±41℉）。

（2）即使有渗漏，液位也不会下降。所以，当液位较低时，应在补充自动变速箱油之前检查渗漏。

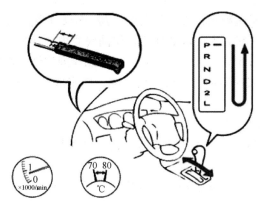

图 3-1-15 检查液位

2. 自动变速箱滤芯的更换

有些自动变速箱在做常规保养时，需要更换滤芯。

滤芯可保证机械和油路干净、通畅。滤芯堵塞会引起油压降低、机械磨损加剧、离合器片组磨损加剧、散热能力变差等一系列问题，直接影响自动变速箱的使用寿命和功能。

滤芯按照材质主要分为纸质和钢质等，纸质滤芯为一次性使用的滤芯，而钢质滤芯根据具体情况可清洗，但在实际维修中通常直接更换。

根据滤芯装配位置，有的在自动变速箱保养时可以更换，而有的需要拆卸自动变速箱才能更换。

3. 自动变速箱油的更换

自动变速箱油应按车辆使用说明书的规定选用。如果发现自动变速箱油变质或达到规定时限，应及时更换。一般厂家会根据车辆的情况制定相应的更换周期，一般建议车主每 60000km 更换一次该车指定的自动变速箱油。当汽车在比较恶劣的条件下使用时，一定要根据汽车的使用时间和行驶里程提前更换自动变速箱油。

1）自动变速箱油更换流程（图 3-1-16）

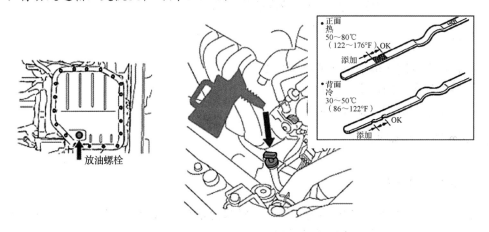

图 3-1-16 自动变速箱油更换流程

（1）汽车运转至自动变速箱到正常工作温度（70～80℃）后停车熄火。

（2）拆下自动变速箱油底壳上的放油螺栓，将油底壳内的油放干净。

（3）拆下油底壳，将油底壳清洗干净。要注意将螺栓或磁铁上的铁屑清洗干净后放回。

（4）拆下自动变速箱散热器油管接头，用压缩空气将散热器中的残余油吹出，再装好油管接头。

（5）装好油底壳和放油螺栓。

（6）从自动变速箱加油管中加入规定牌号的自动变速箱油，一般自动变速箱油底壳内的贮油量为 4L 左右。

（7）启动发动机，检测自动变速箱油面高度。注意：因为新加入的油液温度较低，油面高度应在油尺刻线的下限附近。

（8）汽车运转至发动机和自动变速箱到正常工作温度，检测油面高度是否在油尺刻线的上限附近。

（9）油面太高时，应放掉一部分。

检查液位，如图 3-1-17 所示。

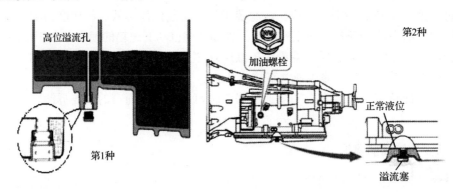

图 3-1-17　检查液位

2）自动变速箱免拆维护

定期使用自动变速箱清洗更换设备和配套的产品（有些配有自动变速箱清洗剂）进行维护，能真正达到不解体彻底清洗、全寿命维护的目的。

 课后练习

1．更换自动变速箱油的操作要领是什么？

2．自动变速箱油的选用要求是什么？

3．自动变速箱油的多少有什么影响？

四、驱动桥的维护保养

（一）驱动桥的作用

驱动桥将发动机传来的扭矩传给车轮，并经降速增矩、改变动力传动方向，驱动汽车行驶，而且允许左、右车轮以不同的转速旋转。

（二）差速器

1. 差速器的作用

差速器将主减速器传来的动力传给左、右半轴，并在必要时允许左、右半轴以不同转速旋转，使左、右车轮相对地面纯滚动而不是滑动。当汽车转弯行驶时，内、外两侧车轮中心在同一时间段内移过的曲线距离显然不同，即外侧车轮移过的距离大于内侧车轮移过的距离。若两侧车轮固定在同一刚性转轴上，两轮角速度相等，则此时外轮必然是边滚动边滑移，内轮必然是边滚动边滑转。

2. 差速器的结构（图 3-1-18）

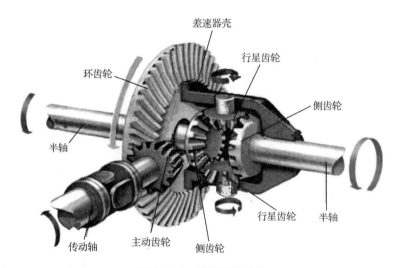

图 3-1-18　差速器的结构

（三）驱动桥维护保养操作技能

1. 差速器的检查

1）差速器油液渗漏的检查
主要检查以下几个部位：
（1）桥壳接合面。
（2）半轴油封、主动齿轮油封。
（3）排放塞和加注塞。
2）差速器油的更换（图 3-1-19）
（1）拆卸加注塞、排放塞和两个垫片，然后排放差速器油。
（2）用新垫片重新安装排放塞。
（3）重新加注规定型号的差速器油，不同车型的加注量不同，须查询维修手册。
（4）用一个新垫片重新安装加注塞。

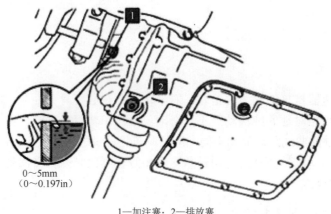

0~5mm
(0~0.197in)

1—加注塞；2—排放塞

图 3-1-19　差速器油的更换

3）差速器油的检查

拆卸差速器油加注塞，将手指插入塞孔，检查油与手指接触的位置。

2. 半轴的检查

（1）手动转动轮胎，使它们被完全转向一侧。然后，检查驱动轴护套的整个外围是否有裂纹或损坏。

（2）检查护套卡箍，确保其已正确安装，并且没有损坏，如图 3-1-20 所示。

3. 油脂渗漏

检查护套上是否有油脂渗漏，如图 3-1-21 所示。

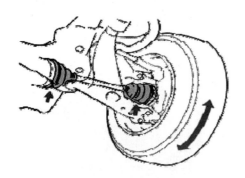

图 3-1-20　检查护套卡箍

图 3-1-21　检查护套上是否有油脂渗漏

 课后练习

1. 车辆转向到最大位置出现异响，原因是什么？

2. 车辆转向行驶中出现一边车轮拖滞，可能的原因是什么？

第二节　行驶系统的维护保养

一、悬架的维护保养

（一）悬架概述

悬架是指由车身与轮胎之间的弹簧和减振器组成的整个支持系统。其功能是传递作用在车轮和车架之间的力和力矩，并且缓冲由不平路面传给车架或车身的冲击力，衰减由此引起的振动，以保证汽车平顺行驶。

1. 悬架的作用

悬架是车架（或车身）与车轴（或车轮）之间的弹性连接装置的统称，其作用如下。

（1）支承汽车的重量。在汽车通过凹凸不平的路面时提供缓冲作用，保证货物和乘员的安全。

（2）维持车轮与路面的良好接触，确保车轮与路面之间产生的驱动力、制动力能传到车身上。

（3）保证车轮在固定的角度内活动，使转向稳定。

（4）传递垂直反力、纵向反力（牵引力和制动力）和侧向反力，确保这些力所产生的力矩作用到车架（或车身）上，以保证汽车行驶平顺。

2. 悬架的分类

悬架按照导向机构可分为非独立悬架和独立悬架。

（1）非独立悬架的结构特点是两侧车轮由一根整体式车桥相连，车轮连同车桥一起通过弹性悬架安装在车架或车身上。

（2）独立悬架是指每个车轮单独通过一套悬架安装于车身或者车桥上，车桥采用分段式，中间一段固定在车架或者车身上。

其中，独立悬架按其结构形式的不同，又可分为双叉臂式、多连杆式及麦弗逊式悬架等。

按是否能自动调节悬架刚度和阻尼，悬架可以分为被动悬架、半主动悬架和全主动悬架。

（二）悬架的种类

1. 非独立悬架

非独立悬架具有结构简单、成本低、强度高、保养容易、行车中前轮定位变化小的优点，但由于其舒适性及操纵稳定性都较差，在现代轿车中基本上已不再使用，多用在货车和大客车上。

常见的非独立悬架有平行片状弹簧式、扭力梁式（图3-2-1）两种。

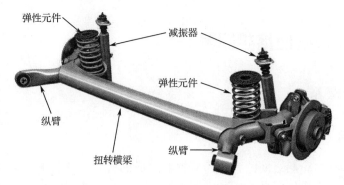

图 3-2-1　扭力梁式非独立悬架

2. 独立悬架

1）麦弗逊式悬架

麦弗逊式悬架是目前应用最广泛的轿车前悬架之一。麦弗逊式悬架由螺旋弹簧、减振器、下摆臂组成，绝大部分车型还会加上横向稳定杆。

如图 3-2-2 所示，螺旋弹簧套在减振器上，减振器可以避免螺旋弹簧受力时向前、后、左、右偏移的现象，可以用减振器的行程长短及松紧来设定悬架的性能。

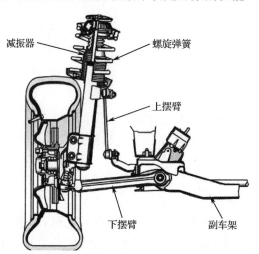

图 3-2-2　麦弗逊式悬架

2）双叉臂式悬架

双叉臂式悬架又称双 A 臂式悬架，它拥有上下两个叉臂，横向力由两个叉臂同时吸收，支柱只承载车身重量，因此横向刚度大（图 3-2-3）。

双叉臂式悬架的诞生和麦弗逊式悬架有着紧密的关系，它们的共同点为下摆臂都由一根 V 字形或 A 字形的叉形臂构成，减振器充当支柱支承整个车身。不同之处则在于双叉臂式悬架多了一根连接减振器的上摆臂，这样一来有效增强了悬架整体的可靠性和稳定性。

3）多连杆式悬架（图 3-2-4）

通过各种连杆配置（通常有三连杆、四连杆、五连杆），能够实现双横臂悬架的所有功能，而且在双横臂的基础上通过连杆连接轴的约束作用，使得轮胎在上下运动时前束也能相应改变，这就意味着弯道适应性更好。

图 3-2-3　双叉臂式悬架

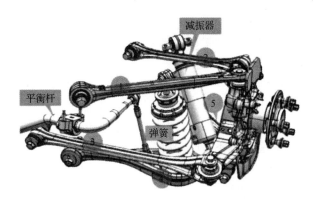

图 3-2-4　多连杆式悬架

3. 全主动悬架与半主动悬架

1）全主动悬架（简称主动悬架）

全主动悬架在被动悬架（弹性元件、减振器、导向装置）的基础上附加了一个可控制作用力的装置。它通常由执行机构、测量系统、反馈控制系统和能源系统四部分组成。

（1）全主动油气悬架。

其特点是通过调节油气弹簧的刚度达到主动调节的目的。

（2）全主动空气悬架。

其特点是通过调节空气弹簧的刚度达到主动调节的目的。

（3）全主动液力悬架。

其特点是执行器（液压缸）中所采用的介质是不可压缩的油液，故其响应的灵敏度较高。当执行器（液压缸）发生作用时，液压缸中的活塞从上、下两侧接收油压，一侧油压上升，另一侧油压下降，从而使活塞产生往复伸缩运动，以适应路面，保持车身的平稳。

2）半主动悬架

半主动悬架与全主动悬架的区别是，半主动悬架用可控阻尼的减振器取代了执行器。因此它不考虑改变悬架的刚度，而只考虑改变悬架的阻尼。半主动悬架无动力源，由可控的阻尼元件（减振器）和弹簧组成。

（1）有级式半主动悬架。

将悬架中的阻尼分成两级、三级或更多级，可由驾驶员选择或根据传感器信号自动选择所需要的阻尼级别。

（2）无级式半主动悬架。

其特点是可根据汽车行驶的路面条件和行驶状态，对悬架的阻尼在几毫秒内进行无级调节。

（三）悬架的主要组成部件

典型的悬架一般由弹性元件、导向装置、减振器和横向稳定杆组成。

1. 减振器

1）概述

汽车行驶中四个车轮在垂直方向上会受到不同力的作用，悬架中的弹性元件受冲击会相应产生振动，因此需要在悬架中与弹性元件并联安装减振器，以衰减振动，提高汽车行驶的平顺性。

2）作用

（1）用来抑制弹簧吸振后反弹时的振荡及来自路面的冲击。

（2）加速车架与车身振动的衰减，以改善汽车的行驶平顺性。

（3）在经过不平路面时，虽然减振弹簧可以衰减路面的振动，但弹簧自身还会有往复运动，减振器可用来抑制这种运动。

3）工作原理

当车架或车身与车轮出现相对运动时，减振器内活塞上下移动，内装油液反复地从一个腔经过不同的空隙流入另一个腔。孔壁与油液间的摩擦和油液分子间的内摩擦消耗了振动的能量，对振动形成阻尼力，使振动能量转化为油液热能散发到大气中。

2. 弹性元件

1）概述

弹性元件为车辆提供弹性，缓和运行过程中的各种冲击。

汽车上使用的减振弹簧本身没有减振作用，因此必须另装减振器。此外，减振弹簧只能承受垂直载荷，故必须装设导向机构以传递垂直力以外的各种力和力矩。

除采用弹性充气轮胎外，还装有其他弹性元件，使车架（或车身）之间有弹性联系，用来承受并传递垂直载荷，缓和不平路面、紧急制动、加速和转弯引起的冲击或车身位置的变化。

2）分类

弹性元件可以分为钢板弹簧、螺旋弹簧、扭杆弹簧、空气弹簧、橡胶弹簧和液压弹簧等，现代轿车悬架多采用螺旋弹簧或扭杆弹簧，豪华汽车则使用空气或液压弹簧。

3. 导向装置

1）转向节

转向节又称羊角，是汽车转向桥中的重要零件之一（图 3-2-5），它能够使汽车稳定行驶并灵敏传递行驶方向。转向节的功用是传递并承受汽车前部载荷，支承并带动前轮绕主销转动而使汽车转向。在汽车行驶状态下，它承受着多变的冲击载荷，因此要求其具有很高的强度。

转向节与减振器、上支臂、下支臂、横向稳定杆、车轮轴承相连接，其目的是保证轮胎、转向节和前轴三者之间与车架保持一定的相对位置，这种具有一定相对位置的安装方式称为转向轮定位，也称前轮定位。

图 3-2-5　转向节

2）支臂

汽车上、下支臂是悬架的重要组成部件（图 3-2-6），它将车身和车轮弹性地连接在一起。在车辆行驶过程中，通过上、下支臂将车桥和车架弹性连接，减缓路面引起的冲击（力），保证乘坐的舒适性。

图 3-2-6　支臂

4. 横向稳定杆

横向稳定杆又称平衡杆、防倾杆（图 3-2-7），通过两根拉杆连接左右悬架。它是用弹簧钢制成的扭杆弹簧，呈 U 形，横置在汽车的前端和后端；杆身的中部用套筒与车架铰接，两端分别固定在左右悬架的下支臂或减振器滑柱上。它的作用是防止车身在转弯时发生过大的横向侧倾，防止汽车横向倾翻和改善平顺性。

图 3-2-7　横向稳定杆

（四）悬架维护保养操作技能

1. 悬架的检查

1）悬架部件检查

通过用手摇晃悬架接头上的连接处，检查衬套是否磨损或者有裂纹，并且检查其是否摆动，同时检查连接胶套等是否损坏。应检查图 3-2-8 中所标示的部件。

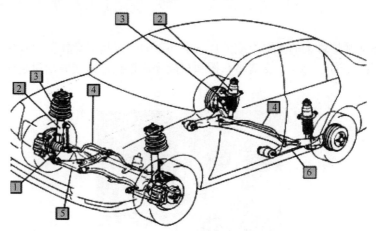

1—转向节；2—减振器；3—螺旋弹簧；4—横向稳定杆；5—下支臂；6—托臂桥梁

图 3-2-8 悬架部件检查

2）减振器的检查

检查减振器上是否有凹痕，检查防尘罩上是否有裂纹、裂缝或者其他损伤，检查减振器上有没有油泄漏，如图 3-2-9 所示。

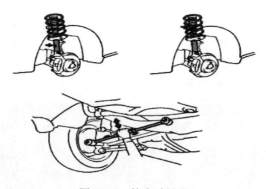

图 3-2-9 检查减振器

2. 车轮轴承的检查（图 3-2-10）

1）摆动检查

将一只手放在轮胎上面，另一只手放在轮胎下面，用力推拉轮胎以检查是否有摆动。

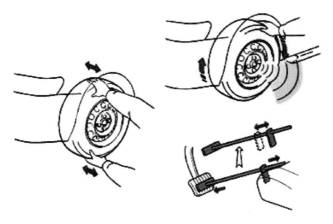

图3-2-10 车轮轴承的检查

提示：

（1）出现摆动时，应踩下制动踏板再次检查其行程。

（2）如果没有更大的摆动，则说明车轮轴承有故障。

（3）如果仍然摆动，则说明球节、主销或者悬架有故障。

2）转动状况和噪声检查

用手转动轮胎以检查其是否能够无噪声地转动。

 课后练习

1．轮毂轴承的检查方法是什么？

2．减振器的检查方法是什么？

二、轮胎的维护保养

（一）汽车车轮概述

车轮由轮胎和轮毂组成，轮胎是汽车的重要部件之一，它直接与路面接触，和悬架共同缓和汽车行驶时所受到的冲击，承受汽车的重量，保证汽车有良好的乘坐舒适性和行驶平顺性，保证车轮和路面有良好的附着性，提高汽车的牵引性、制动性和通过性。轮胎在汽车上所起的重要作用越来越受到人们的重视。

轮毂是车轮中心安装车轴的部位，也就是人们常说的"轮圈"或"钢圈"。轮毂很容易沾上污物，如果长时间不清洁，有可能被腐蚀变形，以致产生安全隐患。因此，要特别注意对轮毂的保养。

（二）汽车车轮结构

1. 轮胎

轮胎是在各种车辆上装配的接地滚动的圆环形弹性橡胶制品，通常安装在金属轮辋上，能支承车身，缓和外界冲击，实现与路面的接触并保证车辆的行驶性能。

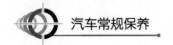

轮胎的功用：支承车体、货物及人的重量，吸收从路面传来的冲击力，自动回正，使汽车正常转向，保持汽车直线行驶。

1）分类

（1）按是否有内胎可分为有内胎轮胎、无内胎轮胎。有内胎轮胎主要为低压胎，一般用于摩托车和普通的汽车；无内胎轮胎又称真空胎，多用于轿车和轻型车。现代汽车有的还使用了防爆轮胎。

（2）按用途可分为载货车轮胎和轿车轮胎。

（3）按帘布层排列分为普通斜交轮胎和子午线轮胎。

子午线轮胎国际代号是"R"，胎体帘线各层间相互平行呈径向排列，与胎冠中心线周向成 90°。子午线轮胎带束层帘线由内压引起的应力，在带束层宽度范围内是不均匀的。由于带束层边端线未固定，此部位初始应力等于零，而中心处则达最大值。随着带束层对胎体箍紧程度的增大，胎体帘线应力减小，胎冠中心处最小。

特点：帘布层排列的方向与轮胎的子午断面一致，帘布层数可减少 40%～50%，胎体较软，弹性好。

优点：质量小、弹性大、减振性好、附着性好、承载力大、行驶中胎温低、胎面耐刺穿、使用寿命长。

缺点：成本高，胎侧变形大易产生裂口，侧向稳定性差。

（4）按充气压力大小分为高压胎（0.5～0.7MPa）、低压胎（0.2～0.5MPa）、超低压胎（0.2MPa以下）。

（5）按轮胎胎体结构分为充气轮胎和实心轮胎。

2）轮胎术语与规格（图 3-2-11）

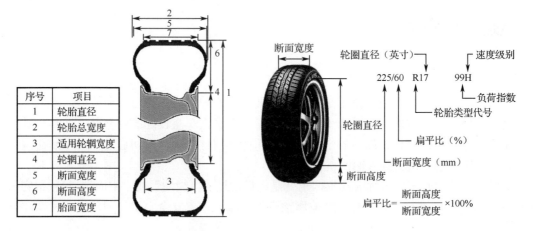

图 3-2-11　轮胎术语与规格

2. 轮毂

轮毂是介于轮胎和车轴之间承受负荷的旋转组件，通常由轮辋和轮辐组成。轮辋是在车轮上安装和支承轮胎的部件，轮辐是车轮上介于车轴和轮辋之间的支承部件。

轮毂的主要功用：安装轮胎，承受全车重量并传递牵引力、制动力、驱动力矩、制动力矩，缓和、吸收路面产生的冲击和振动，提高车轮与地面的附着性能。

分类：

（1）按照轮辐的结构可分为辐板式和辐条式。

（2）按车轮材质可分为钢制、铝合金、镁合金等。

3. 备用轮胎

备用轮胎（图3-2-12）的规格与原汽车轮胎相同。但是，有时为了提醒车主及时检查和更换故障轮胎，会采用特殊颜色轮圈备胎、小备胎、折叠备胎等形式的备胎。

备用轮胎用于应急，不是长期使用的轮胎，其最大行驶速度比标准轮胎低，到达目的地后应及时更换成标准轮胎。

图 3-2-12　备用轮胎

（1）全尺寸备用轮胎（图 3-2-13）：全尺寸备用轮胎的规格与原车轮胎完全相同，可以用其替换任何一个暂时或已经不能使用的原车轮胎。

图 3-2-13　全尺寸备用轮胎

（2）非全尺寸备用轮胎（图 3-2-14）：这种备用轮胎的直径和宽度比原车轮胎略小，因此只能临时代替使用，而且只能用于非驱动轮，最高时速不能超过 80km/h。

4. 平衡块

平衡块又称轮胎平衡块，是安装在车轮上的配重部件。在轮胎上安装平衡块的主要目的是防止轮胎在高速运转状态下产生振动，影响车辆的正常行驶。

图 3-2-14　非全尺寸备用轮胎

1）平衡块的主要用途和分类

平衡块的主要用途：汽车行驶一定里程后，轮胎的不同部位在疲劳和磨损程度上就会出现差别，由于道路情况复杂，在道路上的任何情况都可能对轮胎产生影响，如碰撞马路台、高速通过坑洼路段等，容易引起轮毂变形，平衡块的作用是使车轮在高速旋转下保持动平衡。

（1）粘贴式平衡块（图 3-2-15）：用特殊的胶带将平衡块粘贴在轮毂内部，适合在各种天气和路面条件下使用，良好的粘贴持久性保证了平衡块与轮胎之间安装牢固，避免因平衡块脱落而造成损伤。

图 3-2-15　粘贴式平衡块

（2）挂钩式平衡块（图 3-2-16）：平衡块与挂钩通过铆钉连接在一起，因此，平衡块上打有一个到两个供铆钉穿过的通孔，这就导致在汽车高速行驶过程中，平衡块打孔处受力过大，易出现断裂、松动等质量问题。此外，铆钉长久使用以后也易脱落，影响挂钩式平衡块的使用寿命。

图 3-2-16　挂钩式平衡块

2）平衡块规格

目前平衡块的材质主要有铁、锌和铅，汽车及小型卡车使用的平衡块的长度和质量分别为 5～150mm 和 7～113g。根据质量不同又分为若干规格，包括 5g、10g、15g、20g 等，平衡块的规格间隔通常是 5g，如图 3-2-17 所示。

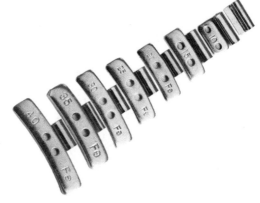

图 3-2-17　平衡块规格

3）平衡块选用方法

维修人员使用动平衡机对车轮进行动平衡测量后，动平衡机会测量出轮辋内侧和外侧需要增加的平衡块（一般用铅或锡制成，常用的平衡块有 5g、10g、15g、20g、25g、30g、50g、100g 等）质量和安装位置，维修人员根据动平衡机测出的数值和指示出的平衡块安装位置，将相应质量的平衡块嵌扣或贴装到轮辋上。

（1）根据被测车轮轮辋的类型（钢制或铝合金制轮辋），选择合适的平衡块。

（2）按照动平衡机的测试结果，将合适的平衡块安装到轮辋外侧的指定位置上。

（3）按照动平衡机的测试结果，将合适的平衡块安装到轮辋内侧的指定位置上。

（三）轮胎维护保养操作技能

1. 拆卸车轮

使用一把冲击扳手，按照交叉顺序拆卸四个车轮螺母，然后拆卸车轮，如图 3-2-18 所示。

图 3-2-18　拆卸车轮

2. 检查轮胎（包括备用轮胎）

1）裂纹及其他损伤

检查轮胎胎面纹路和胎壁是否有过度磨损、裂纹、割痕、鼓泡或者其他损伤，如图 3-2-19（a）所示。

2）嵌入金属微粒或者异物

检查轮胎的胎面和胎壁是否嵌入金属微粒或者异物，如图 3-2-19（b）所示。

（a）　　　　　　　　　　　　　（b）

图 3-2-19　检查轮胎

3）胎面深度

使用轮胎深度规测量轮胎的胎面深度，如图 3-2-20 所示。

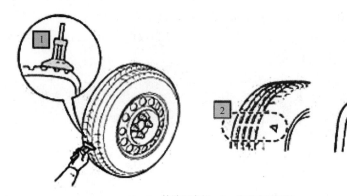

1.6mm
(0.063in)

1—轮胎深度规；2—胎面磨耗标记

图 3-2-20　测量胎面深度

提示：可以通过观察与地面接触的轮胎表面的胎面磨耗标记来检查胎面深度。

4）轮胎异常磨损

检查轮胎的整个外围是否有异常磨损，如图 3-2-21 所示。

两侧磨损　　　中间磨损　　　无规则磨损　　　单边磨损　　　吃胎

图 3-2-21　轮胎异常磨损

5）气压

检查轮胎气压，如图 3-2-22 所示。

图 3-2-22 检查轮胎气压

6）漏气

检查气压后，通过在气门周围涂肥皂水检查是否漏气，如图 3-2-23 所示。

图 3-2-23 检查是否漏气

7）轮圈和轮盘损坏

检查轮圈和轮盘是否损坏、腐蚀、变形和跳动，如图 3-2-24 所示。

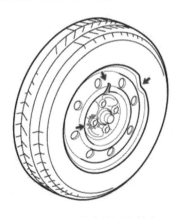

图 3-2-24 检查轮圈和轮盘

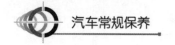
3. 轮胎换位

车辆前后车轮由于运转时所承受的负荷不同，磨损的情况也大不相同，建议每 5000～8000km 换位一次，保证轮胎磨损及疲劳度平均化，确保稳定性与经济性。换位时应检查轮胎的状况，及时发现损伤，预防事故发生。

基本的轮胎换位方法如图 3-2-25 和图 3-2-26 所示。

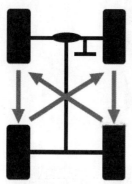
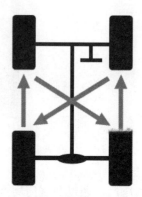

图 3-2-25　发动机前置、前轮驱动车型轮胎换位方法　　　图 3-2-26　发动机前置、后轮驱动车型轮胎换位方法

有方向性要求的轮胎换位方法如图 3-2-27 所示。

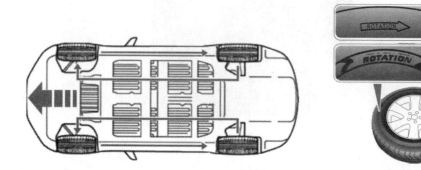

图 3-2-27　有方向性要求的轮胎换位方法

备用轮胎换位方法如图 3-2-28 所示。

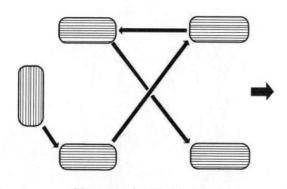

图 3-2-28　备用轮胎换位方法

4. 拆装轮胎

经过一定时间的使用后，要对轮胎进行更换。下面介绍轮胎的拆装流程。

1）分离轮胎

第一步：拆卸车轮，如图 3-2-29 所示。

注意事项及要点：

（1）利用专用轮胎套筒和长扭力扳手拧松轮胎螺栓。

（2）拧螺栓时一定要注意姿势，确保安全。

（3）使用工具时一定要到位，不可出现滑丝现象。

（4）取轮胎螺栓时一定要保留最上端的那颗螺栓，方便轮胎取下并保证操作安全。

第二步：释放轮胎内气压（取下气门芯），如图 3-2-30 所示。

图 3-2-29 拆卸车轮　　　　　　　　图 3-2-30 释放轮胎内气压

注意事项及要点：

（1）取气门芯时要注意安全，谨防气门芯因压力大而飞溅出来。

（2）轮胎胎压一定要释放完后才能进行下一步操作。

第三步：轮胎口分离如图 3-2-31 所示。

注意事项及要点：

为避免损坏胎体和胎压传感器（如有），受压位置应紧贴胎圈并尽可能避开气门芯。

第四步：清理轮辋，如图 3-2-32 所示。

图 3-2-31 轮胎口分离　　　　　　　图 3-2-32 清理轮辋

注意事项及要点：

拆卸车轮轮辋上的平衡块，对车轮进行必要的清理。

第五步：卡装轮胎，如图3-2-33所示。

注意事项及要点：

将车轮放置在轮胎拆装机上，操作轮胎拆装机的气动卡紧盘以卡紧车轮。

第六步：安装装配头，如图3-2-34所示。

图3-2-33　卡装轮胎

图3-2-34　安装装配头

注意事项及要点：

（1）注意装配头与轮辋之间的距离，避免转动时划伤轮辋。

（2）可在轮辋上垫一块抹布，防止划伤。

第七步：转动气动拆卸工具，如图3-2-35所示。

注意事项及要点：

使用气动拆卸工具有助于安全和便捷地实施拆装作业。

第八步：分离轮胎口，如图3-2-36所示。

图3-2-35　转动气动拆卸工具

图3-2-36　分离轮胎口

注意事项及要点：

使用装配杆撬起轮胎壁，转动气动卡紧盘，使一侧的胎圈滑到装配头的拆卸导向部分之上。继续转动气动卡紧盘，使一侧胎圈完全滑到轮缘上，完成轮胎上部拆卸。然后使用同样的方法拆卸另一侧，拆卸时也必须转动车轮使气门芯转到装配头处。

第九步：轮胎下口的分离如图3-2-37所示。

注意事项及要点：

（1）使用装配杆撬起轮胎的下侧胎壁，进入装配头导向部分，然后旋转气动卡紧盘，同时将对面的轮胎边沿推入钢圈最低位置，防止旋转时撕裂轮胎边沿，完成轮胎下部的拆卸。

图3-2-37　轮胎下口的分离

（2）轮胎完全拆卸之后，需要对轮辋进行清洁和检查，如没有裂纹、严重变形等影响继续使用的情况，可以安装新轮胎。至此，完成了轮胎的拆卸。

2）更换气门芯

利用气门嘴钥匙更换气门芯。

注意事项及要点：

（1）取气门芯时要注意安全，谨防气门芯因压力大而飞溅出来。

（2）安装新的气门芯一定要拧紧。

3）安装轮胎

第一步：更换气门嘴，如图3-2-38所示。

注意事项及要点：

为避免安装新轮胎后出现泄漏现象，安装时一定要采用专用工具，并找块抹布垫上。

第二步：核对轮胎和轮辋的型号（图3-2-39）。

图3-2-38　更换气门嘴

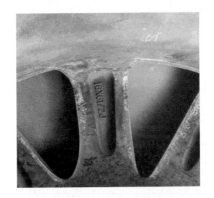

图3-2-39　核对轮胎和轮辋的型号

注意事项及要点：

确认将要安装的轮胎型号与轮辋的型号是否匹配，以及轮胎的内外侧与滚动方向，非对称轮胎上的"OUTSIDE"标记应朝向外侧。如果没有此类标记，原则上DOT编号和日期数据应朝向外侧。

第三步：找匹配点（图3-2-40）。

注意事项及要点：

轮辋上如果有匹配点，则应转动轮胎直到匹配点对齐，匹配点对齐可以使整体式车轮获得更好的运转平稳性，同时须把黄色空心标记与气门嘴对齐。

第四步：润滑（图 3-2-41）。

图 3-2-40　找匹配点

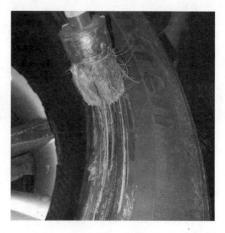

图 3-2-41　润滑

注意事项及要点：

安装前应对轮胎内外两侧、轮辋、轮胎安装设备进行润滑。

第五步：放置轮胎口导向部分，如图 3-2-42 所示。

注意事项及要点：

（1）将车轮使用气动卡紧盘固定在轮胎拆装机上，轮胎通过装配头导向部分压紧在轮辋上。

（2）转动车轮，使气门嘴转到圆周运行的最远位置上。这样，如果车轮上有电子装置，那么在稍后转动气动卡紧盘的时候，电子装置始终与轮胎的同步点保持最小 15cm 的安全距离，可以避免在安装过程中损坏车轮的电子装置。

第六步：安装轮胎上下口，如图 3-2-43 所示。

图 3-2-42　放置轮胎口导向部分

图 3-2-43　安装轮胎上下口

注意事项及要点：

（1）轮胎下口导向部分的安装。

气门嘴和装配头进入正确位置后，压入轮胎，使得下部胎圈贴住装配头的导向部分。

转动气动卡紧盘，使下口的胎圈完全滑入轮辋中。

（2）轮胎上口导向部分的安装。

安装上部胎圈的时候，先把车轮转动到正确的位置。

上部胎圈贴住装配头的导向部分，在右侧用夹具将其压入轮辋中。

转动气动卡紧盘，使胎圈转入轮辋中。转动过程中如果有需要，也可以使用多个夹具。

使用轮胎拆装机辅助支臂和撬杆压下轮胎上部侧壁，慢慢地旋转轮胎拆装机使轮胎上部装入轮辋。

第七步：轮胎充气复位，如图3-2-44所示。

注意事项及要点：

安装完毕之后，松开气动卡紧盘，给轮胎充气。当胎压合适时，胎圈便从凸峰跳到胎圈座上，这个压力俗称复位压力（一般轿车的复位压力极限值为3.3bar）。

第八步：检查轮胎密封性，如图3-2-45所示。

图3-2-44　轮胎充气复位

图3-2-45　检查轮胎密封性

注意事项及要点：

主要检查轮胎与轮缘之间的接触面及气门嘴部位，可以采用泡沫和清水。

5. 车轮静、动平衡检查

第一步：清除杂物，如图3-2-46所示。

注意事项及要点：

整体式车轮在做平衡检查之前必须彻底地清洁干净，去除旧的平衡块，并将轮胎花纹沟里的石子剔除。

第二步：调整胎压，如图3-2-47所示。

注意事项及要点：

将轮胎调整到合适的压力，可以使检测结果更准确。

图 3-2-46　清除杂物

图 3-2-47　调整胎压

第三步：固定，如图 3-2-48 所示。

注意事项及要点：

将整体式车轮对准中心后夹紧到平衡机的轴上，并拉紧脚踏板。有些平衡机还配有电磁夹紧辅助系统，使得夹紧和对准中心更方便。

第四步：输入平衡数据，如图 3-2-49 所示。

图 3-2-48　固定

图 3-2-49　输入平衡数据

注意事项及要点：

（1）将整体式车轮的轮辋宽度、轮辋直径、轮辋边缘至平衡机的距离这三个数据输入。

（2）有些平衡机通过非接触式激光扫描设备自动测量这些数据，使用非常方便。

第五步：平衡测试，如图 3-2-50 所示。

注意事项及要点：

（1）合上保护罩，启动平衡机驱动装置转动夹紧的整体式车轮。

（2）测量结束后，平衡机上的显示装置将显示不平衡量和不平衡位置。

（3）平衡块可以安装在车轮上的不同位置，既可以安装在轮缘外侧，也可以安装在轮辋深槽和胎圈座下方的内侧。

第六步：确定平衡块质量及位置，如图 3-2-51 所示。

图 3-2-50　平衡测试

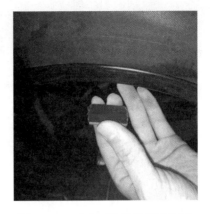

图 3-2-51　确定平衡块质量及位置

注意事项及要点：

（1）平衡块的正确安装位置由平衡机指示，车轮的两侧都必须安装平衡块，以达到同时消除静态不平衡和动态不平衡的目的。

（2）用探头或者激光扫描仪（部分平衡机装备）确定选定的位置是否准确。

第七步：安装平衡块，如图 3-2-52 所示。

注意事项及要点：

（1）平衡机显示装置会显示车轮内侧和外侧所需的平衡块质量。

（2）打开保护罩，转动车轮，当显示装置上的箭头变成绿色时停止转动，在车轮上方 12 点钟的位置安装相应的平衡块。

第八步：重新检查，如图 3-2-53 所示。

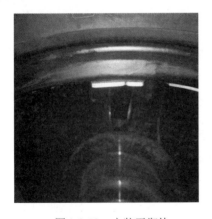

图 3-2-52　安装平衡块

图 3-2-53　重新检查

注意事项及要点：

每次安装平衡块后都应该重新进行平衡检查，两边的数值不超过 5g 为合格。

第九步：取下车轮，如图 3-2-54 所示。

注意事项及要点：

取下车轮后对安装的平衡块进行压紧，可以采用敲击的方式。

图 3-2-54　取下车轮

课后练习

1．轮胎动不平衡的现象是什么？

2．轮胎花纹和型号对车辆行驶的影响有哪些？常规轮胎检查的主要内容有哪些？

3．列举轮胎可能漏气的地方。

第三节　转向系统的维护保养

一、转向系统概述

（一）转向系统的功用

转向系统用来改变、恢复及保持行车路线，要实现其功用，必须满足以下要求。

（1）转向时，四轮汽车的四个车轮沿同一圆心做无滑动的纯滚动。

（2）转向轻便，驾驶人施加在转向盘外缘的最大圆周力，轿车不能超过 200N，重型载货汽车不能超过 450N。

（3）转向盘的回转圈数要少，轿车的转向传动比在 14∶1 和 24∶1 之间。

（4）行驶时，转向盘应稳定。转向后，转向盘应该有自动回正的能力。

（5）遇到转向冲击时，转向盘不打手。

（6）转向盘的自由转动量应控制在极小的范围内。

（7）刚度和强度足够，成本低，可靠耐用。

（二）转向系统组成

转向系统由转向操纵机构、转向器、转向传动机构组成。转向系统的形式有很多种，但都由这三大部分组成，不同之处是转向器和动力源。

（三）转向系统分类

按照动力源的不同分为机械转向、动力转向。

动力转向又分为液压助力转向、电子液压助力转向、电子机械转向、气压助力转向。

二、转向系统机械部件维护保养操作技能

（一）检查球节

1. 检查球节的上下滑动间隙

踩下制动踏板后，在球节上施加载荷，以便检查其上下滑动间隙，如图 3-3-1 所示。

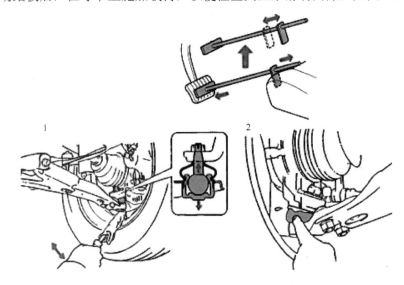

图 3-3-1 检查球节的上下滑动间隙

（1）使用制动踏板压力器保持制动踏板被踩下。
（2）前轮垂直向前，举起车辆，并且在前轮下放一个高度为 18～20cm 的木块。
（3）放低举升器，直到前螺旋弹簧承载一半的负荷。
（4）再次确认前轮垂直向前。
（5）在下臂的末端使用工具检查球节的上下滑动间隙。

2. 检查球节防尘罩

检查球节防尘罩是否有裂纹、撕裂或者其他损坏。

（二）检查转向连接机构

1. 松动和摆动

用手摇晃转向连接机构，检查其是否松动或者摆动，如图 3-3-2（a）所示。

2. 弯曲和损坏

（1）检查转向连接机构是否弯曲或者损坏。

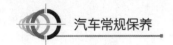

（2）检查防尘罩是否有裂纹或者破损，如图 3-3-2（b）所示。

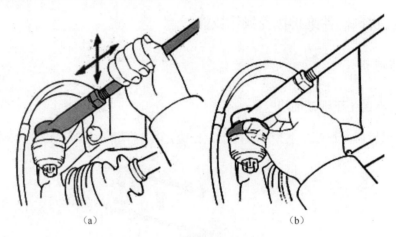

（a）　　　　　　　　　　　　（b）

图 3-3-2　检查转向连接机构

（三）检查转向机自由间隙

正常情况下，转向机自由间隙为 10～15mm。间隙过大会有明显的旷动或者伴有异响，还会让车辆的操纵性下降，行驶感觉有点飘。导致自由间隙过大的原因包括转向机齿轮间隙过大、转向机与转向盘连接杆轴套内花键间隙过大等。

检查方法：在发动机熄火的状态下，停车在原地向左右两侧转动转向盘，转向盘左右转动受到阻力时的转动量就是转向机的自由间隙。

（四）转向机渗漏检查（图 3-3-3）

（1）检查齿轮箱是否有润滑脂或者机油渗漏（或者浸润）。

（2）转动轮胎以便转向盘向左和向右转，检查齿条护套是否有裂纹或破损。

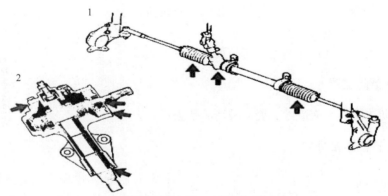

1—齿轮齿条式转向机；2—循环球式转向机

图 3-3-3　转向机渗漏检查

三、液压助力转向系统

（一）液压助力转向系统工作原理

液压助力转向系统是一个机械液压伺服系统或机械液压伺服机构，采用液压控制方式，构成液压控制系统，其工作原理是负反馈控制原理。

液压助力转向系统在机械转向系统的基础上增加了油罐、动力缸、转向助力泵、控制阀及油管（图3-3-4）。

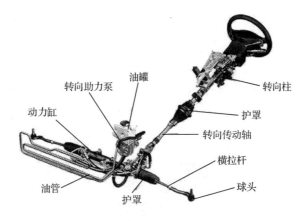

图3-3-4　液压助力转向系统

1. 油罐

油罐安装在发动机舱内，与整个液压系统通过管路相连，能起到如下作用。

（1）它是转向助力油液的存储容器，为冷热变化引起的膨胀与收缩预留了空间。

（2）油罐盖上集成了油尺，便于随时了解油液的多少和观察油液的质量。

（3）内部安装了精细滤清器，可以有效地过滤掉液压系统内的污物和磨屑，减轻系统部件磨损（尤其是泵、转向阀和活塞的磨损）。

2. 转向助力泵

转向助力泵是供能部分，其产生的液压力可帮助驾驶员实现助力效果。

3. 油管（图3-3-5）

油管安装在发动机舱前部下方。它可对油液进行冷却，保证油液的黏度符合要求。

根据车型和系统散热量的不同，油管的散热面积和外观也不尽相同。

图3-3-5　油管

4. 转向器

转向器是液压助力转向系统的执行部分，利用足够能量的油液推动转向器内的活塞左右

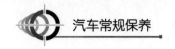

移动，使横拉杆带动转向节对车轮的行进方向进行控制。

（1）正常情况下的输出是驾驶员的操作力矩和助力力矩的叠加；液压助力转向系统出现故障或发动机未启动的情况下，只依靠驾驶员的操作力矩。

（2）转向器包括控制伺服部分、液压执行部分、机械传动部分。

（二）液压助力转向系统维护保养操作技能

1．油液的检查

1）油液渗漏检查

检查油液是否渗漏，如图 3-3-6 所示。

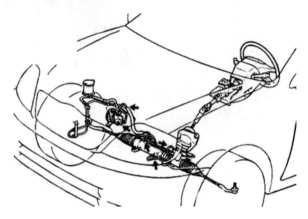

图 3-3-6　检查油液是否渗漏

（1）检查齿轮箱。

（2）检查叶轮泵。

（3）检查液体管路和连接处。

2）检查裂纹和其他损伤

检查油管是否有裂纹和其他损伤。

3）检查液位（图 3-3-7）

（1）发动机怠速运行，保持汽车原地不动，转动转向盘数次，使转向液温度上升到 40～80℃，然后回退转向盘到中间位置。

（2）关闭发动机。

（3）检查油罐中的液位是否处于规定的范围内。

（4）检查发动机运行和停止时的液位偏差是否在 5mm 以内，检查油液是否起泡或者乳化。

注意：不要使转向盘停留在任何一侧超过 10s。

2．油液的更换

（1）用举升器举升车辆。

（2）从油罐上拆下油管，用塞子堵住油罐。

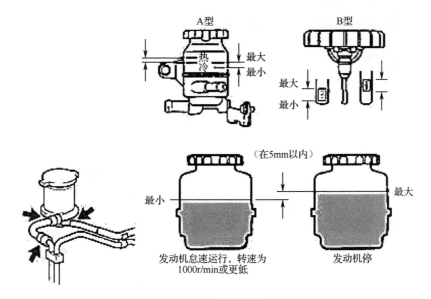

图 3-3-7　检查液位

（3）将油管插到适当的容器中。

（4）拆开发动机高压线，转动起动机，同时反复转动转向盘到极限位置。

（5）待油液放尽后连接油管，用卡箍固定牢靠，在油罐内加入规定型号的油液，容量大约为 1L。

（6）举升车辆使轮胎离开地面，在不启动发动机的情况下，来回转动转向盘到最大位置进行初始排空。然后，启动发动机，来回转动转向盘进行转向机排空，直至油液无气泡、无异响。

 课后练习

1．为什么加注转向助力泵机油后，不要直接启动发动机进行转向助力泵排空？

2．转向盘自由间隙过大时，要检查哪些内容？

第四节　制动系统的维护保养

一、制动系统概述

能够产生和控制汽车制动力的装置称为制动系统。制动系统是汽车行驶时的主动安全装置，是确保汽车安全行驶的重要装置。

（一）制动系统的功用、组成及类型

1. 制动系统的功用

（1）能在尽可能短的距离内降低车速，甚至停车。

（2）汽车下长坡时，可将车速限定在安全范围内，并保持相对稳定；对停驶的汽车，特

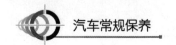

别是在坡道上停驶的汽车可使之可靠地驻留原地。

2．制动系统的组成

（1）行车制动系统：用于使行驶中的汽车减速或停车，制动器安装在每个车轮上，通常由驾驶员用脚操纵。

（2）驻车制动系统：使停驶的汽车保持不动，当行车制动系统出现故障时，驻车制动系统可以作为备用制动系统。

（3）辅助制动装置：使下坡行驶的汽车的速度保持稳定。常用辅助制动装置有排气制动装置、液力制动装置、电涡流制动装置。一般轿车上很少采用辅助制动装置。

3．制动系统的类型

1）按照制动力的传递方式分类

制动系统由传动装置和制动器两部分组成。传动装置就是将驾驶人手拉拉杆或脚踩踏板产生的制动力传递到制动器的装置。根据制动力的传递方式，传动装置可分为机械传动装置、液压传动装置和气压传动装置。

2）按照制动系统的制动能源分类

人力制动系统：机械式制动系统。

动力制动系统：以气压能和液压能为动力。

伺服制动系统：兼用人力和发动机动力的制动系统。

（二）制动系统基本结构

普通汽车有行车制动和驻车制动两套制动系统。行车制动系统由制动液、制动踏板、真空助力器、制动器、制动管路、制动主缸、制动轮缸及制动压力调节装置等组成。

1．制动液

制动液是制动系统中传递制动压力的液态介质，用于采用液压制动系统的车辆。制动液又称刹车油或迫力油，是制动系统不可缺少的部分。在制动系统中，它是传递力的介质，因为液体是不能被压缩的，所以从总泵输出的压力会通过制动液直接传递至分泵。

特性：

（1）高温下不易汽化，否则会出现气阻现象，使制动系统失效。

（2）低温下有良好的流动性，否则会引起制动灵敏性下降和解除缓慢。

（3）不会腐蚀与其经常接触的零件。

（4）对液压系统有良好的润滑作用。

（5）吸水性差而溶水性好。

2．制动踏板

（1）对于制动踏板一般有踏板力和踏板行程两方面的要求，如轿车的踏板力要小于350N，踏板行程要小于150mm。

（2）驾驶汽车时，要求制动踏板有合适的路感。路感是指在轮胎和路面的附着力足够的情况下，汽车所受的制动力与踏板力呈线性关系。

（3）一般在不制动时，制动主缸的推杆与活塞之间应保持一定的间隙，这一间隙就是制动踏板的自由行程，一般为5～20mm。

3. 制动主缸（图3-4-1）

（1）制动主缸也称制动总泵，制动主缸的作用是将踏板的运动转变为液压力，它由存储制动液的储液罐、产生液压力的活塞和缸体等组成。

（2）现在一般采用串联双腔主缸。

（3）制动时，推动推杆，而后推动活塞和胶碗，掩盖进油口后，制动主缸内的液压开始建立，克服弹簧力后，推开油阀将制动液送到制动轮缸；解除制动后，踏板机构、主活塞、轮缸活塞在各自的回位弹簧的作用下回位。

图 3-4-1　制动主缸

4. 真空助力器（图3-4-2）

驾驶人给制动踏板施加的力不足以使制动器快速达到足够的制动力，因此，需要真空助力器增大驾驶人施加的踏板力，形成较大的制动力。

利用发动机进气管处的真空度来帮助驾驶人操纵制动踏板，需要一个膜片使大气压与发动机进气歧管之间产生真空度。

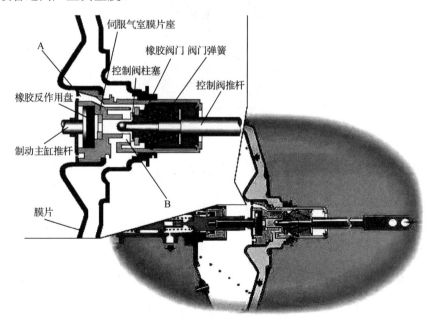

图 3-4-2　真空助力器

真空助力器可分为增压式和助力式两种。

（1）增压式真空助力器通过增压器将制动主缸的液压力进一步增大，增压器装在主缸

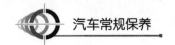

之后。

（2）助力式真空助力器通过助力器来帮助制动踏板对制动主缸产生推力，助力器装在踏板与主缸之间。

5. 制动轮缸

制动轮缸的作用是将液压力转变为制动蹄（制动片）的机械制动力，通常鼓式制动器的制动轮缸使制动片张开，盘式制动器的制动轮缸使制动片压紧。

（三）行车制动系统

行车制动系统用于使行驶中的车辆减速或停车，制动器安装在每个车轮上，通常由驾驶员用脚操纵。制动器可分为两种：鼓式制动器和盘式制动器。

1. 鼓式制动器

1）鼓式制动器的结构（图 3-4-3）

一般制动蹄在不工作时处于原始位置，制动蹄与制动鼓之间应保持合适的间隙（0.25～0.5mm）。在制动器工作的过程中，摩擦片的不断磨损将导致制动器间隙越来越大，因此制动鼓与制动蹄之间的间隙必须在合理的范围内，不能过大或过小。

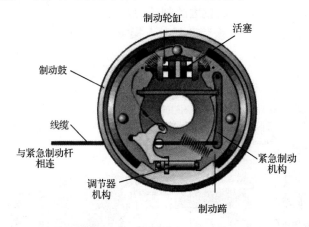

图 3-4-3　鼓式制动器的结构

2）鼓式制动器的工作原理（图 3-4-4）

踏下刹车踏板时，制动轮缸的活塞推动摩擦片向外运动，使摩擦片与制动鼓发生摩擦，达到降低车速的目的。

2. 盘式制动器

盘式制动器用静止的刹车片夹住随着轮胎转动的刹车碟盘以产生摩擦力，从而使车轮转动速度降低。

盘式制动器可分为定钳盘式制动器和浮钳盘式制动器。

盘式制动器由制动钳和制动盘组成，制动钳包括钳体、活塞、密封圈、油封等。

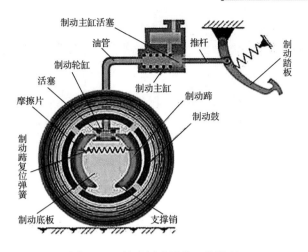

图 3-4-4　鼓式制动器的工作原理

1）工作原理

当踩下刹车踏板时，制动主缸内的活塞被推动，从而在油路中建立压力，压力被传送到制动轮缸的活塞上，活塞受到压力后，会向外移动并推动刹车片夹紧刹车盘，使刹车片与刹车盘发生摩擦，以降低车轮转速。

2）定钳盘式制动器（图 3-4-5）

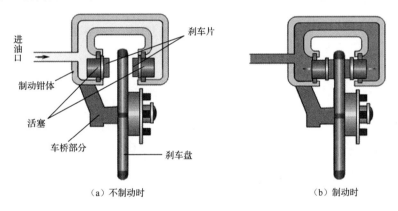

图 3-4-5　定钳盘式制动器

3）浮钳盘式制动器（图 3-4-6）

浮钳盘式制动器的外侧无液压件，单侧的油缸结构不需要跨越刹车盘的油道，不易产生气阻，因此尺寸较小，便于布置，但是刚度较小，刹车片易产生偏磨。

二、液压制动系统的维护保养

（一）制动踏板的检查及调整

1. 检查踏板状况

（1）通过踩踏制动踏板，检查制动踏板是否反应灵敏，有无异常噪声、过度松动等问题。

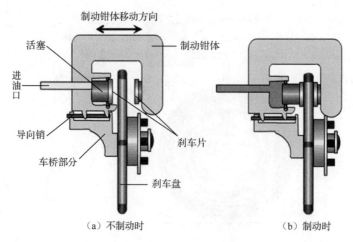

（a）不制动时   （b）制动时

图 3-4-6　浮钳盘式制动器

（2）踩下踏板时，第一脚踏板非常低，而第二脚又恢复正常，用力踩下踏板有微弱的弹性，表明制动管路里有空气。

（3）制动踏板踩到底时，制动踏板应与驾驶室地板保持一定的距离，该距离应符合车型的规定。

2. 制动踏板高度的测量及调整

图 3-4-7　测量制动踏板高度

使用一把直尺测量制动踏板高度（图 3-4-7）。如果超出规定范围，应调整踏板高度。

提示：

应测量从地面到制动踏板上表面的距离。如果必须从地毯表面开始测量，则要扣除地毯的厚度。

3. 测量制动踏板自由行程（图 3-4-8）

自由行程过大，系统产生的制动力会变小，汽车的制动距离会增加；自由行程过小，会出现制动拖滞，导致制动器过热，制动效能下降。

（1）调整制动踏板高度后，由于制动踏板位置的移动会使自由行程发生变化，因此，必须调整制动踏板自由行程。

（2）测量时，发动机停止后，踩下制动踏板几次，以便解除制动助力器。对于配备了液压制动助力器的车辆，至少要踩下制动踏板 40 次。

（3）在制动踏板与驾驶室地之间立一直尺，用手向下按制动踏板至有阻力时，记下直尺读数，然后放松制动踏板，再次记下直尺读数，两次读数之差即制动踏板自由行程。

（4）液压制动系统的制动踏板自由行程一般为 15～20mm。

（5）当制动踏板自由行程不符合要求时，可松开推杆的锁止螺母，拧动推杆，通过改变其长度进行调整。调整完毕后，再拧紧锁止螺母，复查自由行程是否正确，如图 3-4-9 所示。

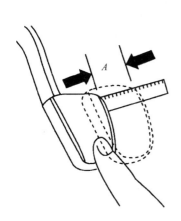

图 3-4-8　测量制动踏板自由行程

图 3-4-9　制动踏板自由行程的调整

4. 测量制动踏板行程余量

发动机运转和驻车制动器松开时，使用 490N 力踩下制动踏板，然后使用一把标尺测量制动踏板行程余量，检查其是否处于规定的范围内，如图 3-4-10 所示。

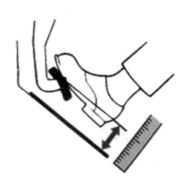

图 3-4-10　测量制动踏板行程余量

（二）真空助力器的检查

真空助力器利用发动机运转时进气歧管所产生的真空来提高对制动踏板所施加的压力。

在检查采用真空助力器的制动系统时，如果发现制动踏板沉重，很可能是真空助力器不起作用，应检查真空助力器。

1. 真空助力器空气密封试验

方法一：启动发动机运转 1～2min 后熄火，连续踩制动踏板数次，如第一次踩下的行程

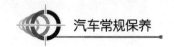

较大，之后行程逐次缩小，制动踏板的高度逐渐上升，则表明真空助力器工作良好。

方法二：在方法一的过程中，将制动踏板保持在踩下的位置，启动发动机，如果此时制动踏板高度稍微下降，则表明真空助力器工作良好。

方法三：在发动机运转时将制动踏板踩到某一位置不动，将发动机熄火，30s后观察制动踏板位置变化情况。如果制动踏板高度无变化，则说明真空助力器处于良好状态；如果制动踏板不能维持在设定的高度，则表明真空管路和真空助力器密封不良。

2. 真空助力器单向阀的检查

真空助力器单向阀装在真空管内，如果单向阀失效，驾驶员会感到制动踏板发硬，有踏不到底的感觉，且伴随制动性能明显下降。

检查单向阀时，按阀体上的箭头方向吹压缩空气应能通过，反向应不通过。也可用真空枪检验其单向通过性。单向阀密封不良时，应更换真空管总成。

（三）制动液的检查及更换

1. 制动管路的检查（图 3-4-11）

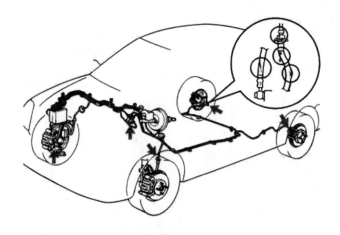

图 3-4-11　制动管路的检查

1）液体渗漏检查
检查制动管路连接部分是否有液体渗漏。
2）损伤检查
检查制动管路是否有凹痕或者其他损伤。
检查软管是否扭曲、磨损、开裂、隆起、老化等。
提示：
如果保护盖上有飞石的痕迹，则制动管路可能有相同的损伤。
3）安装状况检查（图 3-4-12）
检查制动管路和软管，确保车辆运行时，或者转向盘完全转动到任何一侧时，其不会因为振动而与车轮或者车身接触。

提示：

手动转动轮胎，直到转向盘被完全转向一侧。

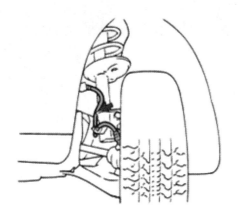

图 3-4-12　安装状况检查

2. 制动液的检查

1）检查制动液的含水量（图 3-4-13）

制动液快速探测笔上有 3 个 LED，分别为绿色、黄色和红色。使用方法非常简单，只要在管内吸入制动液，根据笔上 LED 的显示情况，就可以快速判断制动液的含水量。绿色 LED 亮说明制动液含水量低，制动液合格；黄色 LED 亮说明制动液含水量一般，可以继续使用，半年以后需要再检测一次；红色 LED 亮说明制动液含水量较高，制动液不能继续使用，需要及时更换。

图 3-4-13　检查制动液的含水量

2）液位及颜色检查

检查储液罐内的制动液液位是否正常，制动液液位应位于储液罐上、下刻度线（MAX、MIN 或 HIGH、LOW）之间（图 3-4-14）。检查时，应观察制动液的颜色，如变色，应更换。

图 3-4-14　制动液液位检查

3. 更换制动液及排气

DOT3 和 DOT4 标准级制动液是醇醚型合成制动液，具有一定的吸湿性，在使用一段时间后，会因吸入水分而使其沸点降低，易在制动时形成气阻，使制动失灵。因此，为了保证行车安全，制动液应定期更换（一般两年或 40000km 更换一次）。

1）使用专用设备

利用专用设备更换制动液，如图 3-4-15 所示。

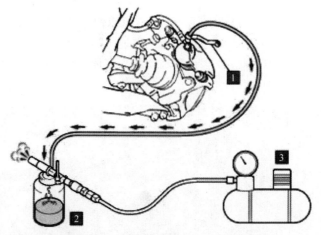

1—梅花扳手；2—制动液更换工具；3—空气压缩机

图 3-4-15　利用专用设备更换制动液

2）常规方法

常规方法更换制动液需要两人配合进行。一人踩踏制动踏板，给液压制动系统加压；另一人打开制动分泵上的放气阀，排出制动系统中的空气和制动液。排放顺序依照车辆配备 ABS 的情况而定，一般车辆的顺序为右后、左后、右前、左前。

3）排气

制动系统中渗入空气，会影响制动效果，所以应及时将系统中的空气排出。特别是更换或补充制动液后，更应排放液压管路中的空气。

排气时，由两人配合进行，根据制动管路分布情况按由远至近的原则依次对各制动轮缸进行排气，排气顺序为右后、左前、左后、右前。

注意：在排气时应一边排除空气，一边检查和补充制动液，以免空气重新进入制动管路，直到空气完全排放干净为止。现在汽车基本标配了 ABS 系统或 ESP 系统，制动液排空时要按照系统要求使用诊断电脑，或者采用多次手动排空方式。

（四）盘式制动器的检查

1. 检查刹车片

（1）检查盘式制动器刹车片的厚度时，可以使用刹车片厚度规进行测量。

（2）通过制动卡钳内的检查孔目视检查内制动器刹车片的厚度，确保其与外制动器刹车片没有明显的偏差，确保刹车片没有不均匀磨损。

（3）使用本次检查和上一次检查之间的行驶距离，估计到下一次检查前的行驶距离。通过检查从上一次检查到本次检查的刹车片的磨损，估计刹车片在下一次检查时的情况。如果估计刹车片的厚度将小于可接受的磨损值，建议更换刹车片。

（4）盘式制动器刹车片正常的使用寿命为 30000～50000km，其最小摩擦材料厚度不应小于 2mm。

（5）更换刹车片时，应左、右轮同时更换。

2. 检查制动盘厚度

（1）检查制动盘上是否有刻痕、不均匀、异常磨损、裂纹或其他损伤。

（2）制动盘的厚度可使用螺旋测微仪来检查（图 3-4-16），如果制动盘磨损到极限厚度或磨损的沟槽深度达到 0.5mm，应更换。

（3）更换制动盘时，应同时更换两侧的制动盘。

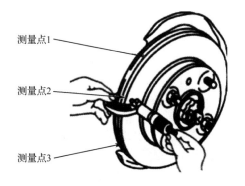

图 3-4-16　检查制动盘的厚度

3. 更换刹车片

1）拆卸刹车片（图 3-4-17）。

（1）拆卸制动卡钳。

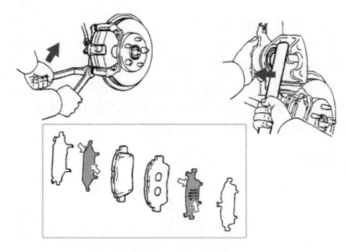

图 3-4-17　拆卸刹车片

提示：不要将软管从制动卡钳上断开。

（2）拆卸两个带消音垫片的刹车片。

2）安装新的刹车片

注意：更换磨损的刹车片时，消音垫片和磨损指示板必须连同刹车片一起更换。

（1）在消音垫片上涂盘式制动器润滑脂，并在刹车片上安装消音垫片。

（2）安装两个带消音垫片的刹车片。

注意：要确保刹车片或者制动盘的摩擦表面没有机油或者润滑脂。

（3）为了防止制动液从储液罐中溢出，应加注少量的制动液。

（4）使用锤柄或者类似的工具将活塞推入。

提示：如果推入活塞困难，可在推入活塞的同时松开放气塞以排放一些制动液。

（5）安装制动卡钳。

（6）踩下制动踏板数次，并且检查制动液液位是否在满刻度上。

4．制动盘跳动的检查与调整

1）检查制动盘跳动（图 3-4-18）

（1）拆卸制动钳支撑螺栓，然后向上提起制动钳总成。

图 3-4-18　检查制动盘跳动

（2）检查制动盘表面是否有凹槽、裂纹和锈蚀，清洁制动盘，去除所有灰尘。

（3）在离制动盘端面最外边大约 5mm 处，放置百分表顶尖。转动制动盘，测量端面摆动量，极限值是 0.03mm。测量时要拧紧制动盘与轮毂的连接螺母，以保证测量准确。

2）校正制动盘跳动

（1）如果制动盘端面摆动量超过极限值，应进行校正。

（2）在拆卸制动盘之前，用粉笔在最大摆动处做记号。

（3）拆下制动盘后，在轮毂上放置百分表，边转动边沿轴向移动轮毂，测量轮毂端面摆动量，极限值是 0.02mm。若超过极限值，应拆下轮毂检查每个零件。

（4）若轮毂摆动量在极限值之内，可将制动盘的标记转过 180°进行安装，然后再次测量制动盘的端面摆动量。

（五）鼓式制动器的检查

拆卸制动鼓，以便检查鼓式制动器。

注意：制动鼓拆下后，不要踩制动踏板。

1. 制动蹄片的检查

（1）手动前后移动制动蹄片，检查制动蹄片移动是否顺利。

（2）检查制动蹄片与背板和固定件之间的接触面是否磨损。

（3）检查制动蹄片、背板和固定件是否生锈。

（4）检查时，应在背板和制动蹄片之间的接触面上涂高温润滑脂。

2. 制动衬片的检查

1）厚度检查

使用一把直尺测量制动衬片的厚度，如图 3-4-19 所示。如果厚度小于磨损极限值，则应更换制动衬片。

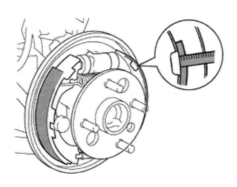

图 3-4-19　测量制动衬片的厚度

利用本次检查和上一次检查之间的行驶距离，估计到下一次检查前的行驶距离。通过检查从上一次检查到本次检查的制动衬片的磨损，估计制动衬片在下一次检查时的情况。如果估计制动衬片的厚度将小于可接受的磨损值，建议更换制动衬片。

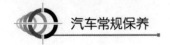
2）损坏检查

检查制动衬片是否有裂纹等。

3. 制动液渗漏检查

检查车轮制动分泵是否有液体渗漏。

注意：如果制动液溅出或者沾到油漆表面，应立即用水清洗，否则会损坏油漆表面。

4. 检查制动鼓

（1）使用制动鼓测量规测量制动鼓内径，如图 3-4-20 所示。

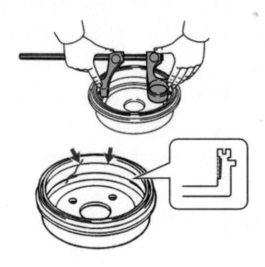

图 3-4-20　测量制动鼓内径

（2）检查制动鼓是否有磨损和损坏。

（3）使用砂纸清洁制动蹄片并清除油污。如有必要，应同时清洁制动鼓内表面，如图 3-4-21 所示。

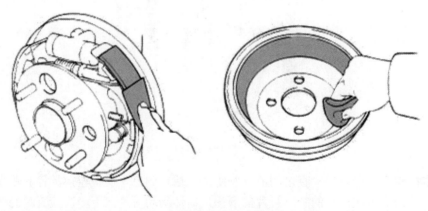

图 3-4-21　清洁制动鼓内表面

三、驻车制动系统的维护保养

（一）驻车制动系统概述

驻车制动系统通常是指机动车辆安装的手动刹车，简称手刹，在车辆停稳后用于稳定车辆，避免车辆在斜坡路面停车时由于溜车造成事故。

驻车制动系统一般由手制动操纵机构、锁止装置、传动装置、驻车制动器等组成。

（二）驻车制动器的结构

1. 驻车制动器的控制方式

大多数驻车制动器的传动机构使用驻车手动拉杆，也有一些汽车驻车制动器使用脚踏板。

1）传统手刹（图 3-4-22）

传统手刹主要由制动杆、拉线、制动机构及回位弹簧组成。

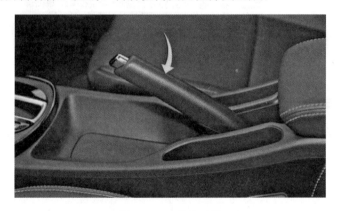

图 3-4-22　传统手刹

2）脚踏式驻车制动器（图 3-4-23）

这种驻车制动器通常称为"脚刹"，脚刹和手刹的作用是相同的，只不过换了种控制方式，用脚踏板来控制。

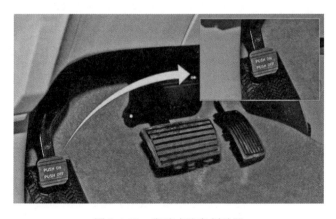

图 3-4-23　脚踏式驻车制动器

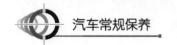

2. 鼓式驻车制动器（图3-4-24）

常见的鼓式驻车制动器与行车制动器共用制动鼓。有些轿车的后轮采用"外盘内鼓"形式的制动盘，外缘为行车制动器的制动盘，而中间为驻车制动器的制动鼓。

图3-4-24　鼓式驻车制动器

3. 盘式驻车制动器

它主要应用于四轮盘式制动器轿车上，其传动部分与鼓式驻车制动器相同。

4. 电子手刹

电子手刹是由电子控制方式实现驻车的装置，其工作原理与机械式手刹类似，都通过刹车盘与刹车片产生的摩擦力来实现驻车。不同点在于控制方式从之前的机械式手刹拉柄变成了电子按钮。

电子手刹可分为钢索牵引式、整合卡钳式两种。

1）钢索牵引式电子手刹（图3-4-25）

钢索牵引式电子手刹的制动执行机构与传统手刹无异，同为制动蹄式，只是把手动的拉索改为电动形式。

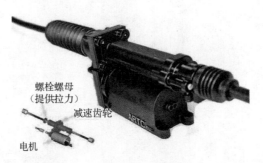

螺栓螺母
（提供拉力）

减速齿轮

电机

图3-4-25　钢索牵引式电子手刹

2）整合卡钳式电子手刹（图 3-4-26）

整合卡钳式电子手刹需要专用的制动卡钳和相关的驻车制动执行机构，因而成本相对较高。但整合卡钳式电子手刹摒弃了钢索牵引式电子手刹的钢索，采用电线进行信号传递，因而更利于车辆组装及手刹系统简化。

图 3-4-26　整合卡钳式电子手刹

（1）组成部件。

整合卡钳式电子手刹由驻车制动器控制单元、组合仪表控制单元、制动器开关按键、制动器电机等组成。

（2）工作原理（图 3-4-27）。

车速低于 7km/h 时的工作逻辑：驾驶员按下电子手刹按钮，位于后轮刹车钳上的手刹控制模块电机开始转动，对刹车盘施加制动力；同时，传统的液压制动系统也开始工作，让制动响应更加敏捷。驻车时，驾驶员通过踩油门或者踩刹车（使制动力达到 10bar）能实现自动释放手刹。

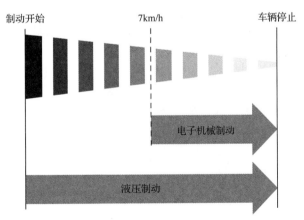

图 3-4-27　整合卡钳式电子手刹工作原理

车速高于 7km/h 时的工作逻辑：驾驶员按下电子手刹按钮会启动动态紧急制动功能。当行车制动器工作正常时，会通过 ESP 系统（电控车辆稳定行驶系统）控制行车制动器对四个车轮进行制动。

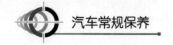
（三）驻车制动系统维护保养操作技能

1. 检查制动手柄

（1）检查制动手柄齿尖是否损坏或磨损。如发现损坏或磨损，应更换驻车制动手柄。

（2）检查制动手柄的操作及行程是否正确。必要时，应调节。

（3）制动手柄行程应为4～7个齿（在施加200N拉力时）。

（4）调整制动手柄行程，如图3-4-28所示。

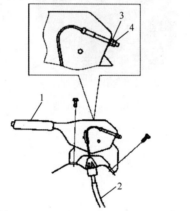

1—制动手柄；2—制动拉索；3—调整螺母；4—锁紧螺母

图 3-4-28　调整制动手柄行程

2. 外盘内鼓驻车制动器的检查

在配备制动盘内有制动鼓的驻车制动系统的汽车上，拆卸后盘式制动卡钳和后制动盘，以便检查驻车制动器。

1）制动蹄片滑动区域的磨损

（1）手动移动制动蹄片，检查制动蹄片移动是否顺利。

（2）检查制动蹄片和背板的接触面是否磨损。

（3）检查制动蹄片和背板的接触面是否生锈。

2）制动衬片的损坏

检查制动衬片是否有碎屑、损坏。

3）内径

测量制动鼓的内径，如图3-4-29所示。

4）后制动盘的磨损和损坏

检查后制动盘是否有磨损或者损坏。

5）制动蹄片间隙调整（图3-4-30）

（1）临时安装轮毂螺母。

（2）拆卸孔塞，转动调节器并扩展制动蹄，直到制动盘锁定。

（3）回退调节器8个槽口。

（4）检查制动蹄片是否拖滞在制动器上。

（5）安装调节孔塞。

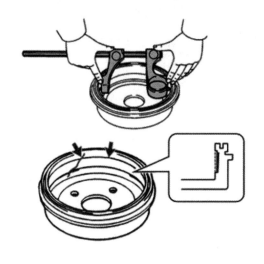

图 3-4-29 测量制动鼓的内径

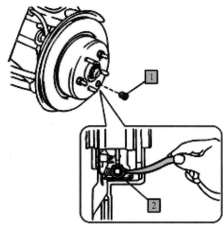

1—孔塞；2—调节器

图 3-4-30 制动蹄片间隙调整

 课后练习

1．制动液为什么要定期更换？制动液含水量过高会导致什么故障现象？

2．真空助力泵的检查方法是什么？

3．制动鼓为什么要定期保养？

4．刹车异响的主要原因有哪些？

5．带有 ABS 或 ESP 系统的车辆，排空制动液有什么操作要求？

第五节　底盘其他部件的检查

一、燃油管路的检查

（一）燃油渗漏检查

检查燃油管路是否渗漏，如图 3-5-1 所示。

（二）损坏检查

检查燃油管路是否损坏。

提示：如果保护盖上有飞石的痕迹，则燃油管路可能已损坏。

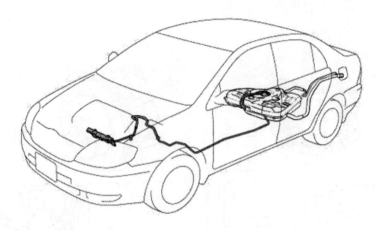

图 3-5-1　检查燃油管路是否渗漏

二、排气管道及安装部件的检查

（一）损坏和安装状况

（1）检查排气管及吊耳是否损坏。

（2）检查消声器是否损坏。

（3）检查排气管支架上的 O 形圈是否损坏或者脱落。

（4）检查垫片是否损坏。

（二）排气管泄漏

检查排气管连接部分是否泄漏，如图 3-5-2 所示。

图 3-5-2　检查排气管连接部分是否泄漏

三、燃油箱固定支架的检查

检查燃油箱固定支架，如图 3-5-3 所示。

（1）检查燃油箱的固定螺钉有无松动、锈迹等。

图 3-5-3 检查燃油箱固定支架

（2）检查燃油箱固定箍有无松脱和摩擦现象（图 3-5-4）。

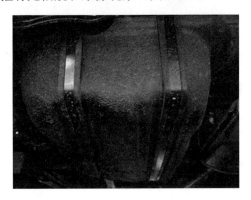

图 3-5-4 检查燃油箱固定箍

 课后练习

检查燃油管路时须了解哪些安全方面的知识？

车身及电气设备维护保养

第一节　蓄电池的维护保养

一、蓄电池概述

蓄电池是一种化学电源，能将化学能转化为电能，也能将电能转化为化学能，它是一种可逆的低压直流电源。蓄电池是汽车必不可少的一部分。

有些蓄电池采用铅钙合金做栅架，所以充电时水分解量少，水分蒸发量也少，加上外壳采用密封结构，释放出来的硫酸气体也很少，因此与传统蓄电池相比，具有不用添加任何液体、电能储存时间长等优点。

二、常用汽车蓄电池分类

（一）铅酸蓄电池

铅酸蓄电池以氧化铅为正极板，以海绵铅为负极板，以硫酸水溶液作为电解液。充放电过程依靠极板上活性物质和电解液发生化学反应来实现。

铅酸蓄电池又可分为普通铅酸蓄电池、湿荷铅酸蓄电池、干荷铅酸蓄电池和免维护蓄电池。

1. 普通铅酸蓄电池

普通铅酸蓄电池的电极由铅和铅的氧化物构成，电解液是硫酸水溶液，如图 4-1-1 所示。它的主要优点是电压稳定、价格便宜，缺点是比能量低、使用寿命短和日常维护频繁。老式普通铅酸蓄电池的寿命在两年左右，而且需要定期检查电解液并添加蒸馏水。不过随着科技的发展，目前普通铅酸蓄电池的寿命变得更长，而且维护也更加简单。

2. 湿荷铅酸蓄电池

湿荷铅酸蓄电池如图 4-1-2 所示。

图 4-1-1 普通铅酸蓄电池

图 4-1-2 湿荷铅酸蓄电池

3. 干荷铅酸蓄电池

干荷铅酸蓄电池如图 4-1-3 所示。

图 4-1-3 干荷铅酸蓄电池

4. 免维护蓄电池

免维护蓄电池（图4-1-4）最大的特点就是"免维护"，它的电解液消耗量非常小，在使用寿命内基本不需要补充蒸馏水。它还具有抗振、耐高温、体积小、自放电小的特点。正常情况下，免维护蓄电池的更换周期为3年左右。

图 4-1-4　免维护蓄电池

（二）镍氢电池

镍氢电池（图4-1-5）由氢氧化镍构成的阳极和由钒、锰、镍等金属形成的多成分合金阴极组成。与铅酸蓄电池相比，镍氢电池的比能量提高了3倍，比功率提高了10倍。其独特的优势有更高的运行电压、比能量和比功率，较好的过度充放电耐受性和热性能。

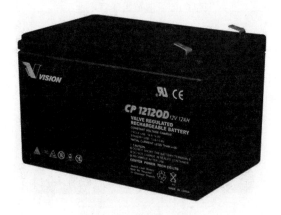

图 4-1-5　镍氢电池

（三）锂离子电池

锂离子电池的传统结构包括石墨阳极、锂离子金属氧化物构成的阴极和电解液（有机溶剂溶解的锂盐溶液）。最常见的锂离子电池以石墨为阳极，以碳酸乙烯酯和碳酸二甲酯溶解六氟磷酸锂溶液为电解液，以锰酸锂为阴极。锂离子电池轻巧结实，比能量大，单体电压约为

3.7V，如图 4-1-6 所示。

图 4-1-6　锂离子电池

锂离子电池具有较高的工作电压和较大的记忆能量。锂离子电池体积小，质量小，循环寿命长，自放电率小，无记忆效应且无污染。

（四）AGM 蓄电池

AGM 蓄电池是指隔板采用超细玻璃纤维材料的免维护蓄电池，如图 4-1-7 所示。

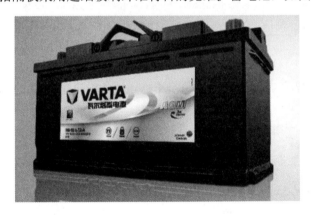

图 4-1-7　AGM 蓄电池

1. 特点

（1）极板更大，较大的极板能使比功率提高 25%。

（2）采用超细玻璃纤维隔板，低温冷启动性能、耗电量和使用寿命都得到了改善。

（3）采用带限压阀的气密壳体。

（4）硫酸被束缚在玻璃纤维网中，增强了防溢出保护，从而减少了对环境的危害。

（5）只在形成高压后才通过限压阀释放气体。

（6）大气中的氧不会通过限压阀侵入。

（7）在深度放电之后可以再充电，即蓄电池可以在完全放电之后再进行充电。

（8）AGM 蓄电池大大减少了气体逸出，因为气体通过特殊的化学循环转化成了水，这样既不会损失气体也不会损失电解液。

2. 结构（图4-1-8）

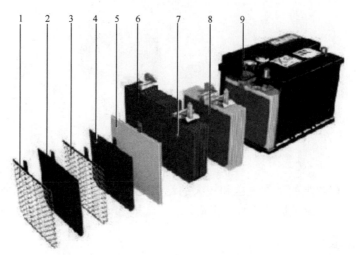

1—带银合金的正极栅板；2—正极板；3—负极栅板；4—负极板；

5—超细玻璃纤维材料制成的隔板；6—正极板组；7—负极板组；8—极板组；

9—带底部导轨的极板组电池箱

图4-1-8 AGM蓄电池的结构

AGM蓄电池分成若干个单格电池，每个单格电池的额定电压为2V。12V需要6个单格电池。

每个单格电池包含一组正极板和一组负极板，它们通过隔板彼此绝缘。

（五）蓄电池型号含义

下面以型号6-QAW-54a为例进行介绍。

（1）6表示由6个单格电池组成，每个为2V，即额定电压为12V。

（2）Q表示汽车启动用蓄电池。其他字母的含义如下：M表示摩托车用蓄电池，JC表示船舶用蓄电池，HK表示航空用蓄电池，D表示电动车用蓄电池，F表示阀控型蓄电池。

（3）A和W表示蓄电池的类型，A表示干荷铅酸蓄电池，W表示免维护蓄电池。若不标，则表示普通蓄电池。

（4）54表示蓄电池的额定容量为54A·h。

（5）a表示对原产品的第一次改进，若为b则表示第二次改进，以此类推。

注意：

（1）型号后加D表示低温性能好，如6-QA-110D。

（2）型号后加HD表示高抗振型。

（3）型号后加DF表示低温反装，如6-0A-165DF。

蓄电池型号解析见表4-1-1。

表 4-1-1　蓄电池型号解析

第 一 部 分	第 二 部 分		第 三 部 分	
串联的单格电池数	蓄电池的用途	蓄电池的类型	蓄电池的额定容量	蓄电池的特殊性能
用阿拉伯数字表示： 3—表示3个单格电池，额定电压为6V； 6—表示6个单格电池，额定电压为12V	用大写字母表示： Q—汽车启动用蓄电池； N—内燃机车用蓄电池； M—摩托车用蓄电池	用大写字母表示： A—干荷铅酸蓄电池； H—湿荷铅酸蓄电池； W—免维护蓄电池； M—密封式铅酸蓄电池； S—少维护蓄电池； J—胶体铅酸蓄电池	单位是 A・h，单位省略不写	用大写字母表示： G—高启动率； D—低温性能好； S—塑料槽蓄电池

三、蓄电池的作用

（1）与发电机并联向用电设备供电。

（2）在发动机启动时，向起动机和点火系统等供电。

（3）在发电机不发电或电压较低的情况下向用电设备供电。

（4）当发电机超载时，协助发电。

（5）蓄电池存电不足，而发电机负载又较少时，将发电机的电能转化为化学能储存起来（充电）。

（6）蓄电池相当于一个大容量电容器（起到稳定整车系统电压的作用）。

四、蓄电池维护保养操作技能

（一）检查蓄电池电压

使用万用表测量车辆静态电压，该电压通常大于 11.7V，不得低于 9V，以保证车辆启动。

（二）检查蓄电池外观

1. 检查蓄电池外壳

检查蓄电池外壳是否损坏，以及蓄电池正负极端子固定情况。

2. 检查蓄电池固定支架

检查蓄电池固定支架是否松动。

3. 检查蓄电池排水管

检查蓄电池排水管是否正常，如图 4-1-9 所示。通气口 1 必须使用塞子正确封闭，通气口 2 必须正确连接排气管 3，排气管 3 必须以向下倾斜的方式连接至车外，否则会造成虹吸，导致蓄电池损坏。

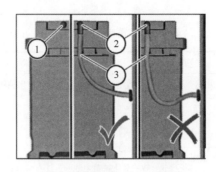

图 4-1-9　检查蓄电池排水管

4. 检查蓄电池电极（图 4-1-10）

检查蓄电池正负电极，如果出现腐蚀、烧蚀、过度磨损等现象，应及时处理。如果电极桩头出现结晶现象，可以采用温水冲洗的方式进行处理；若达到更换年限，则应进行更换。

图 4-1-10　检查蓄电池电极

5. 检查蓄电池桩头

车辆的蓄电池桩头不一定在蓄电池中轴线位置，如果桩头位置不对，会影响蓄电池装配。正桩标记 R，反桩标记 L。右边为正极则是正桩，右边为负极则是反桩（图 4-1-11）。

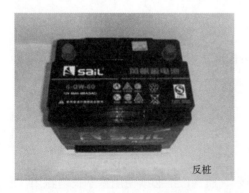
反桩

正桩

图 4-1-11　蓄电池正桩与反桩

（三）检查带观察孔的蓄电池

通过观察孔可以检查蓄电池的电解液液位和充电状态，如图 4-1-12 所示。

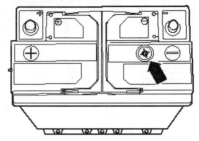

图 4-1-12　蓄电池观察孔

通过观察孔可以观察到以下三种颜色。

（1）绿色：蓄电池电量充足。

（2）黑色：亏电或无电。

（3）无色或黄色：电解液达到临界位置，必须添加蒸馏水。

注意：如果蓄电池使用超过 5 年，而观察孔的颜色显示为无色，则需要更换新的蓄电池。

（四）检查仪表上的蓄电池指示灯（图 4-1-13～图 4-1-15）

　图 4-1-13　蓄电池正常　　　图 4-1-14　蓄电池电量不足　　　图 4-1-15　蓄电池损坏

（五）检查免维护蓄电池电解液液位

电解液液位可用玻璃管检查，如图 4-1-16 所示。电解液液位应高出极板 10～15mm。注意：除非确定液位降低是电解液溅出导致的，否则不允许补充硫酸溶液。电解液液位正常降低是电解液水分蒸发和电解导致的。

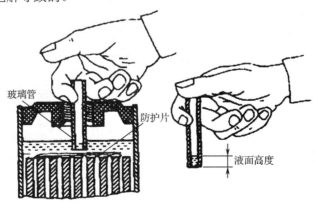

图 4-1-16　检查电解液液位

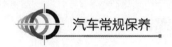

电解液不足时，应补充蒸馏水，如图 4-1-17 所示。

图 4-1-17　补充蒸馏水

课后练习

　1．为什么有的车辆在更换蓄电池后要进行设定？

　2．怎样判断蓄电池正反桩头？

　3．从观察孔看到颜色为绿色，就一定说明该蓄电池是有电的吗？

第二节　车灯的维护保养

一、车灯类型概述

（一）卤素灯

卤素灯（图 4-2-1）又称卤素泡、钨卤灯、石英灯，是白炽灯的一个变种。

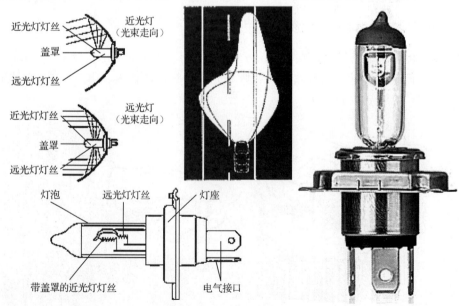

图 4-2-1　卤素灯

其原理是在灯泡内注入碘或溴等卤素气体，在高温下，升华的钨丝与卤素气体进行化学作用，冷却后的钨会重新凝固在钨丝上，形成平衡的循环，避免钨丝过早断裂。因此，卤素灯使用寿命比白炽灯更长。

卤素灯供电电压通常分为交流 220V 和直流 12V、24V。

（二）氙气灯

氙气灯（图 4-2-2）利用配套的电子镇流器，将汽车电池的 12V 电压瞬间提升为 23kV 以上的触发电压，使氙气灯中的氙气电离形成电弧放电而稳定发光。

图 4-2-2 氙气灯

（三）LED 灯

LED 灯（图 4-2-3）结构坚固，不容易受振动影响，使用过程中亮度不会明显下降。

图 4-2-3 LED 灯

（四）激光灯

激光灯（图 4-2-4）更加节能，照射距离可以达到 600m。

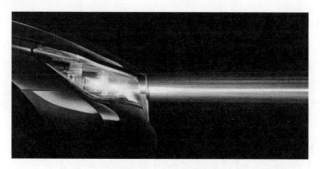

图 4-2-4　激光灯

二、车外灯与仪表指示灯

（一）车外灯

1. 近光灯

近光灯用于近距离照明，照射范围大（160°），照射距离短，聚光度无法调节。近光灯的照射距离为 30～40m。

2. 远光灯

远光灯发出的光平行射出，光束较为集中，亮度较大，可以照到很远的物体。

3. 日间行车灯

日间行车灯是指使车辆在白天行驶时更容易被识别的灯具，装在车身前部，如图 4-2-5 所示。

图 4-2-5　日间行车灯

汽车发动机一启动，日间行车灯就自动开启，以引起路上其他机动车、非机动车及行人的注意。夜晚降临，手动打开近光灯后，日间行车灯自动熄灭。

4. 雾灯

雾灯（图 4-2-6）一般安装于汽车的前部和后部，起到在雨雾天气行车时照亮道路和安全警示的作用，提高驾驶员与周围交通参与者的能见度。

图 4-2-6　雾灯

5. 刹车灯

刹车灯（图 4-2-7）一般安装在车尾左右两边及上部，以便后面行驶的车辆易于发现前方车辆刹车，防止追尾事故发生。

图 4-2-7　刹车灯

6. 倒车灯

倒车灯装于汽车尾部，用于照亮车后路面，并警告车后的车辆和行人，表示该车正在倒车，倒车灯是白色的，如图 4-2-8 所示。

图 4-2-8　倒车灯

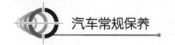
7. 转向灯

一辆车最少有 6 个转向灯，车前方两个，车侧一边一个，车后方两个。转向灯开启后会一直闪烁，目的是引起前后左右车辆及行人的注意，如图 4-2-9 所示。

图 4-2-9　转向灯

8. 示宽灯

将灯开关开至第一挡时，前后亮起的小灯就是示宽灯，示宽灯一般在天还未完全黑的时候开启，如图 4-2-10 所示。

图 4-2-10　示宽灯

（二）仪表指示灯（表 4-2-1）

表 4-2-1　仪表指示灯

指　示　灯	功　　能	指　示　灯	功　　能
(![])	制动装置	(车打滑图标)	电控行车稳定系统开启

续表

指 示 灯	功 能	指 示 灯	功 能
	电控机械式驻车制动器		电控行车稳定系统关闭
	冷却系统		制动防抱死系统
	发动机机油压力		安全系统
	前座椅安全带		制动刹车片
	发动机启动系统		电控机械式驻车制动器故障
	限速警告装置		轮胎气压监控显示
	自适应巡航控制系统		轮胎气压监控显示
	空气悬架		发动机控制系统
	夜视辅助系统		废气监控系统
	无线遥控钥匙		转速限制装置
	无线遥控钥匙		发动机机油油位

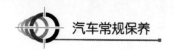

续表

指 示 灯	功　能	指 示 灯	功　能
	无线遥控钥匙中的电池		发动机机油感应器
	后雾灯		蓄电池电量
	自适应车灯		燃油箱系统
	主动式车道保持辅助系统		清洗液液位
	变速箱		车窗雨刮器
	转向信号装置		灯泡故障指示灯
	智能停止系统		大灯照明距离调节
	后座椅安全带		光线/雨水感应器
	远光灯		变速箱
	运动型差速器		转向锁止装置

续表

指　示　灯	功　　能	指　示　灯	功　　能
	定速巡航装置		电控机械式转向系统、动态转向系统
	智能启动系统		后座椅安全带

三、光束调整

（一）调整方法

为保证夜间行车安全，在汽车定期养护中，应对前照灯光束照射的方向和距离进行检验，必要时应调整光束，以符合国家规定的要求。

光束调整方法有调试仪调整和屏幕调整两种，其中后者应用较广，具体操作如下。

（1）确认汽车轮胎气压符合标准，前照灯表面清洁，汽车空载。

（2）将汽车置于黑暗空间内平坦的地面上，前照灯距屏幕 10m，屏幕（幕墙）垂直于地面且与前照灯表面平行。

（3）接通前照灯开关，遮住一侧前照灯或将其电路插接件拆开，拆除前照灯的塑料装饰罩，拧动上、下、左、右光束调整螺钉，使光束（光束最高点）处于规定高度。

（二）近光灯光束调整

为保证夜间行车安全，应定期检查、调整近光灯光束，使之符合国家规定。

近光灯光束调整数据见表 4-2-2。

表 4-2-2　近光灯光束调整数据

类　型	屏　幕　距　离	光束中心高度	数据（mm）
近光灯	10m	$0.75\sim0.8H$	左灯，左侧≤100，右侧≤100
近光灯	10m	$0.75\sim0.8H$	右灯，左侧≤100，右侧≤100

注：H 为近光灯安装高度。

（三）远光灯光束调整

远光灯光束调整数据见表 4-2-3。

表 4-2-3　远光灯光束调整数据

类　　型	屏　幕　距　离	光束中心高度	数据（mm）
远光灯	10m	$0.85\sim0.9H$	左灯，左侧≤100，右侧≤170
远光灯	10m	$0.85\sim0.9H$	右灯，左侧≤100，右侧≤170

注：H 为远光灯安装高度。

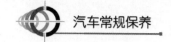

四、车灯维护保养操作技能

（一）车外灯维护保养

检查并确认前部车灯和后部车灯能够亮起或闪烁，检查并确认其亮度足够。

（1）在检查前驻车灯时（仅在具备相关功能时检查），关闭点火开关，向左或向右拨动转向开关，相应车灯应点亮。

（2）在检查转向灯时，注意检查转向灯及仪表指示灯灯光闪烁频率。

（3）在检查转向灯时（仅在具备相关功能时检查），拨动左右转向灯开关，同时转动转向盘，同侧雾灯应点亮。

1. 前部车灯

前部车灯包括前驻车灯、行车灯、小灯、前雾灯、前转向灯、侧转向灯、近光灯、远光灯、前闪烁报警灯。

2. 后部车灯

后部车灯包括后驻车灯、后尾灯、制动灯、高位制动灯、后雾灯、倒车灯、后转向灯、牌照灯、后闪烁报警灯、行李厢灯。

3. 动态弯道照明系统

具有动态弯道照明系统的车辆，要根据使用条件检查灯光的随动性。

（二）车内灯维护保养

车内灯包括钥匙指示灯、仪表指示灯、化妆镜灯、杂物箱灯、阅读灯、车门警示灯、车内氛围灯等。车内灯按钮如图 4-2-11 所示。

图 4-2-11　车内灯按钮

检查并确认车内灯能够正常点亮，检查并确认其亮度足够。

（1）检查钥匙指示灯时（仅在具备相关功能时检查），在配备一键启动的车辆上，按下启动按钮后，钥匙指示灯应点亮并闪烁几次。

（2）检查仪表指示灯时，如打开车门，车门未关的信息灯应点亮；打开远光灯时，相应的指示灯应点亮。

（三）灯泡更换注意事项及流程

1. 灯泡更换注意事项

（1）更换之前要保证灯泡熄灭，待灯泡完全冷却之后方可动手。

（2）要保证新灯泡的电压和功率与原来一样。

（3）整个更换过程要戴手套操作，安装灯泡时不能用手直接触摸灯泡玻璃部分，以防灯泡沾上污渍而影响使用效果和使用寿命。

（4）购买时不一定非要选择原厂灯泡，只要符合厂家认证标准和型号即可。

（5）应检查灯泡插座和线路，确保接触良好，否则容易引起接触性发热而出现短路或燃烧。

2. 灯泡（某类车型）更换流程

（1）更换灯泡时，要求发动机熄火 5min 以上，然后拔掉车钥匙，待发动机完全冷却下来，打开发动机舱盖，可以看到大灯总成后面的防尘罩（图 4-2-12），防尘罩大多采用橡胶制作，直接拧下来即可（有些车型可以直接抠下来），之后能看到大灯总成里的灯泡底座，捏住底座旁边的钢丝卡簧，松开之后就可以拿出灯泡了。

图 4-2-12　大灯防尘罩

（2）确定更换位置（图 4-2-13）。

图 4-2-13　确定更换位置

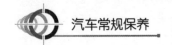

（3）如图 4-2-14 所示，将灯泡的电源插头拔下。拔插头时，力度要适中，避免将接线弄断或损坏插头，有些车型可能需要用工具拆卸。

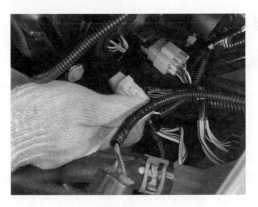

图 4-2-14　拔下灯泡电源插头

（4）拔下灯泡电源插头后，将灯泡背后的防尘盖取下，如图 4-2-15 所示。防尘盖的材质多为软橡胶，也有车型配备软塑料材质的防尘盖。

图 4-2-15　取下防尘盖

（5）将灯泡从反射罩中取出，如图 4-2-16 所示。取出灯泡时，需要用手指捏住两边的钢丝卡簧，待卡扣松开后，再往外抽出灯泡，不要用力过猛把卡扣弄断。

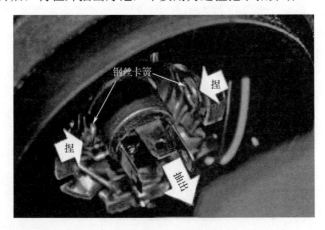

图 4-2-16　取出灯泡

（6）对比新旧灯泡（图4-2-17）。

图4-2-17　对比新旧灯泡

（7）依次安装好新的灯泡、防尘盖、电源插头，打开开关，测试灯泡工作性能，对比更换前后的灯光效果（图4-2-18）。

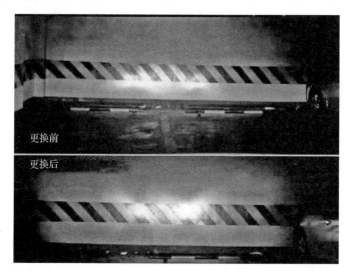

图4-2-18　对比更换前后的灯光效果

课后练习

1．为什么很多汽车要按照规定功率更换灯泡？不这样做可能会导致什么现象发生？
2．更换灯泡时对色温的选择有什么要求？

第三节　安全气囊及安全带的维护保养

一、安全气囊及安全带概述

（一）安全气囊概述

安全气囊是安装在汽车上的充气软囊，在车辆发生撞击事故的瞬间弹出，起到缓冲的作用，保护驾驶员和乘客的安全。一般而言，发生碰撞时，安全气囊可以避免人员头部和身体

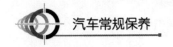

直接撞击车辆内部，降低人员受伤程度。安全气囊已被多数国家规定为必备的车辆被动性安全装置之一。

（二）安全带概述

安全带是在发生碰撞时对人员进行约束，避免人员与转向盘及仪表板等发生二次碰撞或避免人员冲出车外导致死伤的安全装置。安全带是公认的最廉价、最有效的安全装置，在很多国家是强制车辆配备安全带的。

二、安全气囊及安全带的工作原理

（一）安全气囊的工作原理

安全气囊的气体发生器内装有叠氮化钠（NaN_3）或者硝酸铵（NH_4NO_3）等，当接收到引爆信号时，会瞬间产生大量的气体，充满整个气囊。如图 4-3-1 所示为安全气囊部件位置图。

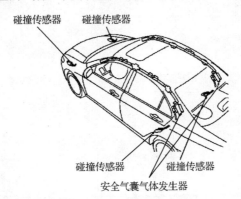

图 4-3-1　安全气囊部件位置图

一般来说，安全气囊的碰撞传感器安装在车头防撞钢梁、翼子板或者车身内，时刻检测车辆是否发生碰撞，然后将信号传递给气囊控制单元。

气囊控制单元一般安装在车内地板上，由它来决定是否引爆安全气囊、引爆哪个安全气囊，其内部有一套严格的控制逻辑，会根据碰撞的角度、减速度等参数来精确地控制安全气囊。

（二）安全带的工作原理

安全带扣环含有霍尔传感器并连接到安全气囊模块，霍尔传感器用于检测安全带是否扣于扣环内并传送安全带信息至安全气囊模块。安全带警报开关由舌簧开关、塑料销等部件组成。

如果安全带扣环已经插入安全带卡扣内，则舌簧开关是打开的。插入的安全带扣环使塑料销抬起，磁铁不再作用于舌簧开关，舌簧开关打开，如图 4-3-2 所示。

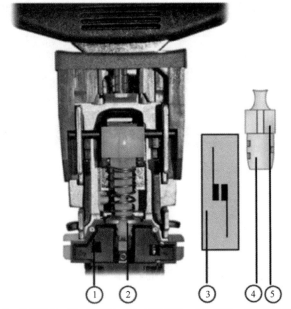

①—舌簧开关；②—塑料销；③—舌簧开关；④—磁铁；⑤—塑料销

图 4-3-2   安全带警报开关原理图

1. 安全带牵引器

安全带牵引器的核心部件是一个转轴，它固定安全带的一端。在牵引器内部有一个螺旋弹簧，对转轴始终产生一个旋转扭力，将松弛的安全带拉紧。

当安全带被拉出时，转轴逆时针转动，使螺旋弹簧也逆时针转动，螺旋弹簧逐渐打开。

2. 锁卡与扭转限制器

安全带张紧器上使用了锁卡（图 4-3-3），发生事故时，锁卡可将安全带的拉出量减到最小。扭转限制器如图 4-3-4 所示。

图 4-3-3   锁卡

图 4-3-4   扭转限制器

3. 安全带力限制器

安全带力限制器采用了一种极其简单的形式，即将安全带叠成环状后缝合，如果作用在

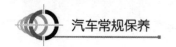

安全带上的拉力较大，那么缝合处就会被撕开，安全带就变长了，如图 4-3-5 所示。

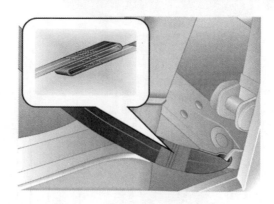

图 4-3-5　安全带力限制器

三、安全气囊及安全带维护保养操作技能

（一）安全气囊维护保养

安全气囊示意图如图 4-3-6 所示。

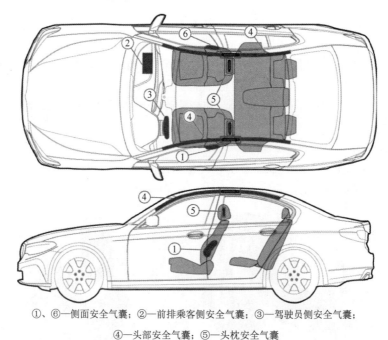

①、⑥—侧面安全气囊；②—前排乘客侧安全气囊；③—驾驶员侧安全气囊；

④—头部安全气囊；⑤—头枕安全气囊

图 4-3-6　安全气囊示意图

1. 安全气囊指示灯的检查

安全气囊指示灯位于仪表盘内，安全气囊正常时，安全气囊指示灯在点火开关从 OFF 打到 ON 后亮起约 6s，然后自动熄灭。如果安全气囊存在故障，则安全气囊指示灯常亮，通知驾驶员出现故障，如图 4-3-7 所示。

图 4-3-7　安全气囊指示灯

2. 安全气囊使用年限的检查

按照厂家规定，安全气囊自制造之日起满 14 年必须更换，否则安全气囊的气体发生器可能因为受潮而导致不引爆。

（二）安全带维护保养

（1）拉出安全带，拉出的过程应顺畅。

（2）检查安全带是否有以下情况：折叠、纤维散开、夹伤、撕裂、烧痕。

（3）检查安全带扣环及卡扣是否损坏。

 课后练习

安全气囊的引爆条件是什么？

第四节　车门窗的维护保养

一、车门窗概述

（一）车门概述

车门是驾驶员和乘客出入车辆的通道（图 4-4-1），可隔绝车外干扰，并在一定程度上减轻侧面撞击。车门内至少有两根防撞梁，防撞梁质量较大。

图 4-4-1　车门

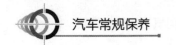

（二）车门的维护保养

车门铰链需要使用润滑油或者黄油进行润滑。在润滑之前需要把车门铰链擦拭干净，先将车门铰链里面的铁锈和污渍清除干净，再涂上润滑油即可（图4-4-2）。

图4-4-2　润滑车门铰链

（三）车窗概述

车窗可分为手动车窗和电动车窗，现代车辆一般采用电动车窗，用伺服电机驱动玻璃升降，使玻璃升降更加轻松。现代汽车大多具有防夹手功能，玻璃导槽的阻力大小直接影响玻璃的升降，所以在维护保养中要注意清洁导槽，防止阻力过大。电动车窗开关如图4-4-3所示。

图4-4-3　电动车窗开关

（四）后视镜概述

1. 车外后视镜

车外后视镜是一项重要的安全配置，有手动调节和电动调节两种，目前市面上多数车型都配备了电动调节车外后视镜，有些车型还有电动折叠、后视镜记忆、后视镜加热、倒车自动下翻、锁车自动折叠、自动防炫目等功能，如图4-4-4所示。

图 4-4-4 电动调节车外后视镜

2. 车内后视镜

车内后视镜是便于驾驶员观察车后方情况的装置，有手动防眩目、自动防眩目（图 4-4-5）两种。随着科技的发展，目前有不少功能被集成在车内后视镜上，如倒车影像、指南针、行车记录仪等。

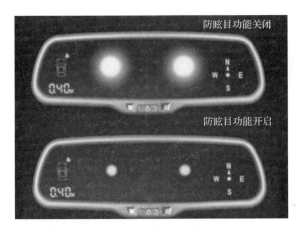

图 4-4-5 自动防眩目

二、车门窗的维护保养操作技能

（一）车窗功能的检查

（1）检查车窗一键升或一键降功能是否正常，防夹功能是否正常，车窗升降过程中有没有卡滞的现象，如图 4-4-6 所示。

（2）清洁车窗玻璃导槽，防止因导槽卡滞引起车窗玻璃升降故障。

（二）后视镜功能的检查

1. 车外后视镜的检查

（1）检查电动调节功能是否正常。

（2）检查电动折叠功能是否正常。

（3）检查记忆功能是否正常。

图 4-4-6 车窗功能的检查

（4）检查加热功能是否正常。

（5）检查倒车自动下翻功能是否正常。

（6）检查锁车自动折叠功能是否正常。

2. 车内后视镜的检查

（1）检查自动防眩目功能。

（2）检查手动防眩目功能，如图 4-4-7 所示。

图 4-4-7 检查车内后视镜手动防眩目功能

（三）门锁功能的检查

检查中控门锁及其他门锁功能是否正常；检查儿童锁功能是否正常，如图 4-4-8 所示；检查遥控钥匙、无钥匙进入功能是否正常；检查防盗指示功能是否正常，如图 4-4-9 所示。

图 4-4-8 检查儿童锁

图 4-4-9 检查防盗指示功能

课后练习

打开或关闭车门时有异响，原因是什么？

第五节　电动座椅及天窗的维护保养

一、电动座椅及天窗概述

（一）电动座椅概述

1. 主驾驶座电动调节

可以通过电机的控制来调节主驾驶座的前后位置、高度、靠背角度，有的车型还可以调节腿部支撑、腰部支撑等，使驾驶员处于一个相对舒适的驾驶位置。

2. 副驾驶座电动调节

副驾驶座电动调节一般配备在高档车型上，其调节开关如图 4-5-1 所示。

图 4-5-1　调节开关

3. 座椅通风、加热及按摩

1）座椅加热

利用座椅内的电加热丝对座椅进行加热，并通过热传递将热量传递给乘坐人员，改善冬天座椅过凉造成的乘坐不舒适感。如图 4-5-2 所示为座椅加热开关。

图 4-5-2　座椅加热开关

2）座椅通风

座椅通风系统使冷气从座椅上的小孔流出，防止乘坐人员臀部与后背积汗，提供舒适的乘坐环境，一般有送风式和吸风式两种。座椅通风可以分为前排座椅通风和后排座椅通风。如图 4-5-3 所示为座椅通风开关。

图 4-5-3　座椅通风开关

3）座椅按摩

座椅按摩功能一般在高档车型上才有，在座椅内加入气动装置，气压由发动机舱的气泵提供，座椅靠背内有多个气压腔，这些气压腔由一个装在靠背内的电子振荡器控制，电子振荡器根据事先编写的程序改变气压腔内的压力。如图 4-5-4 所示为座椅按摩开关。

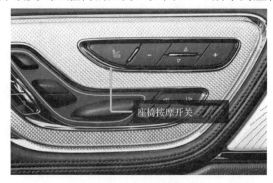

图 4-5-4　座椅按摩开关

（二）天窗概述

天窗可分为手动天窗和电动天窗，现在绝大部分车辆都采用电动天窗（图 4-5-5）。

图 4-5-5　电动天窗

二、电动座椅及天窗维护保养操作技能

（一）电动座椅维护保养

1. 功能检查

1）位置存储功能

可存储两个驾驶员驾驶位置，包括座椅位置、转向盘倾斜位置、转向盘伸缩位置、车外后视镜位置。

2）方便下车功能

座椅向后移动，转向盘升起，以便下车。

3）方便上车功能

方便下车功能完成后，座椅和转向盘将保持原位以便于上车。按下发动机开关（而非将钥匙插入钥匙孔）可使座椅移动到存储的驾驶位置。

2. 座椅调节

（1）主驾驶座电动调节如图 4-5-6 所示。

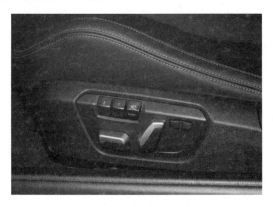

图 4-5-6　主驾驶座电动调节

（2）副驾驶座电动调节如图 4-5-7 所示。

图 4-5-7　副驾驶座电动调节

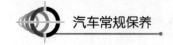
3. 电动座椅的检查

1）电动座椅固定螺栓的检查

检查电动座椅固定情况及螺栓拧紧力矩，保证电动座椅不存在晃动、松动等情况，如图 4-5-8 所示。

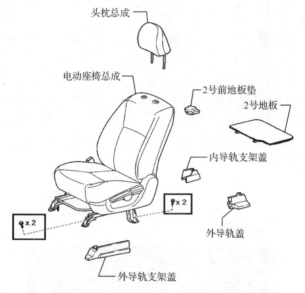

图 4-5-8　电动座椅固定螺栓的检查

2）电动座椅功能的检查

（1）检查电动座椅导轨是否润滑，导轨内有无异物导致导轨发卡，必要时润滑导轨。

（2）检查电动座椅调节开关有无发卡、松动等现象，检查电动座椅通风及加热功能（仅在具备相关功能时检查）。

（3）检查电动座椅电机总成（滑动、升降、靠背倾斜、腰部支撑），如图 4-5-9 所示。

图 4-5-9　检查电动座椅电机总成

4. 座椅通风、加热及按摩功能的检查

（1）座椅通风检查如图 4-5-10 所示。

图 4-5-10 座椅通风检查

（2）座椅加热检查如图 4-5-11 所示。

图 4-5-11 座椅加热检查

（3）座椅按摩检查如图 4-5-12 所示。

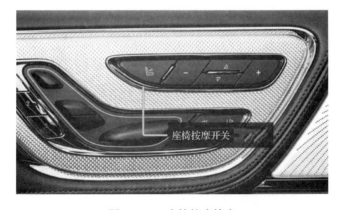

图 4-5-12 座椅按摩检查

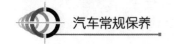

（二）天窗维护保养

1．天窗功能的检查

检查天窗打开功能是否正常。

2．天窗导轨润滑

通过开启天窗来检查导轨是否正常，应定期在导轨上涂抹一些润滑油，如图 4-5-13 所示。

图 4-5-13　天窗导轨润滑

3．检查天窗排水口

应及时清理天窗排水口的残留垃圾，保证雨天雨水能及时通过天窗排水口流出，防止出现天窗漏水现象。

4．检查天窗密封条

天窗密封条对隔离雨水起着关键的作用，如果密封条老化或松动，就会出现漏水的情况。

 课后练习

有的车辆在关闭车窗时车窗会突然下降，导致关不上，可能的原因是什么？

第六节　中控台的维护保养

一、中控台概述

（一）收音机

收音机是车辆配备的一个娱乐设备，如图 4-6-1 所示。

图 4-6-1 收音机

（二）导航设备

现在大部分车辆都配备了导航设备，如图 4-6-2 所示。

图 4-6-2 导航设备

（三）雷达及辅助影像

1. 雷达

不同车辆上配备了基于不同技术（如激光、超声波、微波）的雷达，它们有着不同的功能（如发现障碍物、预测碰撞、自适应巡航控制），以及不同的工作原理（如脉冲雷达、FMCW雷达、微波冲击雷达）。

分类：

（1）测速雷达。

（2）自适应巡航控制雷达。

（3）防撞雷达。

（4）其他车辆监督和控制雷达。

车载雷达如图 4-6-3 所示。

图 4-6-3　车载雷达

2. 辅助影像

通过车载摄像头实时显示车辆周围的环境情况，方便驾驶员观察，弥补视野死角和视线模糊的缺陷，提高驾驶的安全性，为行车、泊车、倒车提供便利。目前倒车影像普及率较高，全景影像和车侧盲区影像在部分车型中有应用。

1）倒车影像

倒车影像摄像头安装在车尾，挂入倒挡时，系统会自动接通位于车尾的摄像头，将车后状况显示在中控或后视镜的液晶显示屏上，如图 4-6-4 所示。

图 4-6-4　倒车影像

2）车侧盲区影像

在右后视镜上安装摄像头，可以在显示屏上显示位于视野死角范围内的车辆，让驾驶安全更有保障，如图 4-6-5 所示。

图 4-6-5　右后视镜上的摄像头

3）全景影像

为了解决倒车影像不能全面照顾周围视角的问题，有些厂家开发了全景摄像头，通过在车头、车侧增加多个摄像头来获取车辆周围的实时影像，如图 4-6-6 所示。

图 4-6-6　全景摄像头

（四）中控按键

中控按键包括收音机按键、空调按键等。

二、中控台维护保养操作技能

（一）收音机维护保养

收音机功能检查如图 4-6-7 所示。

图 4-6-7　收音机功能检查

（二）导航设备维护保养

检查车载导航版本是否为最新版本，导航设备能否正常使用，如图 4-6-8 所示。

图 4-6-8　检查导航设备

（三）雷达、辅助影像维护保养

检查雷达功能是否正常，摄像头功能是否正常，如图 4-6-9 和图 4-6-10 所示。

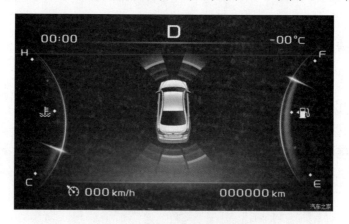

图 4-6-9　检查雷达

图 4-6-10　检查摄像头

（四）中控按键维护保养

检查各按键功能是否正常，如图 4-6-11 所示。

图 4-6-11 检查按键

 课后练习

私自加装一个中控屏幕会对车辆造成什么影响？

第七节 空调系统的维护保养

一、空调系统概述

空调系统是对车厢内空气进行制冷、加热、换气和净化的装置。它可以为乘车人员提供舒适的乘车环境，降低驾驶员的疲劳度，提高行车安全。空调系统已成为衡量汽车功能是否齐全的标志之一。

（一）分类

以控制系统为划分标准，可以把空调系统分为手动和自动两种。

1. 手动空调

只能手动对冷/热风的温度和风量进行粗略的分级调节，不能设定车内的具体温度，多用于入门级车型，如图 4-7-1 所示。

2. 自动空调

可以根据设定的温度自动调节，从而保持车内温度的恒定，一般空调调节按钮上会有 AUTO 字样，如图 4-7-2 所示。

图 4-7-1　手动空调

图 4-7-2　自动空调

　　自动空调的功能包括车内温度和湿度自动调节、回风和送风模式自动控制，以及运转方式和换气量控制等。电控单元将根据驾驶员或乘客通过空调控制面板上的按钮进行设定，使空调系统自动运行，并根据各种传感器输入的信号，对送风温度和送风速度及时进行调整，使车内的环境保持最佳状态。

（二）空调系统的功能

　　（1）空调系统既能加热空气，也能冷却空气，以便把车厢内的温度控制在舒适的水平。

　　（2）空调系统能够排除空气中的湿气。干燥空气可吸收人体汗液，以营造更舒适的环境。

　　（3）空调系统可吸入新风，具有通风功能。

　　（4）空调系统可过滤空气，排除空气中的灰尘和花粉。

二、空调系统的组成及原理

现代空调系统由制冷系统、暖风系统、通风系统、空气净化装置及控制系统组成。

（一）制冷系统

1．空调系统常用性能指标

1）温度

温度是指物体的冷热程度。温度的高低可用摄氏温度、华氏温度、绝对温度三种形式来表示。

（1）摄氏温度（℃）。将一个标准大气压下水的冰点定为 0℃，沸点定为 100℃，两者之间分为 100 等份，每一份定为 1℃的温度表示体系，称为摄氏温度。

（2）华氏温度（℉）。将一个标准大气压下水的冰点定为 32℉，沸点定为 212℉，两者之间分为 180 等份，每一份定为 1℉的温度表示体系，称为华氏温度。

2）压力与真空度

单位面积上所受的垂直作用力称为压力（物理上称为压强）。压力的大小与物质状态的转换直接相关。加压可以促使气体液化，降压可以促使液体汽化。

压强的法定计量单位是帕斯卡，简称帕（Pa），$1Pa=1N/m^2$，实际中常用千帕（kPa）和兆帕（MPa）计量。

（1）绝对压力：实际的压力值，是将完全真空状态作为零值的压力值。

（2）表压力：将一个标准大气压作为零值的相对压力值，即压力表上所显示的数值。

3）真空度

低于一个大气压的压力称为真空度，它是相对压力。真空度就是真空压力表上显示的数值。

2．制冷系统的分类

制冷系统大致可分为两种：膨胀阀式制冷系统和节流阀式制冷系统。

3．制冷系统的组成

制冷系统由压缩机、冷凝器、储液干燥器（气液分离器）、膨胀阀、蒸发器和鼓风机组成，如图 4-7-3 所示。通常把制冷系统分为高压系统和低压系统，高压系统由压缩机输出侧、高压管路、冷凝器、储液干燥器、液体管路组成，低压系统由蒸发器、低压管路、压缩机输入侧等组成。压缩机和膨胀阀是空调高、低压的两个分界点。

4．制冷系统的工作原理

制冷系统工作时，制冷剂以不同的状态在密闭系统内循环流动，每个循环包含四个基本过程。

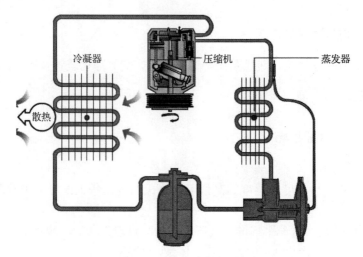

图 4-7-3　制冷系统的组成

1）节流阀式制冷系统（图 4-7-4）

（1）压缩：压缩机将低温低压气体压缩为高压气体（2MPa，70℃）。

（2）冷凝：高温高压气体经冷凝器冷却变为高温高压液体（2MPa，60℃）。

（3）节流膨胀：液体膨胀，压力和温度降低（0.15MPa，-4℃）。

（4）蒸发：液体变为气体（0.15MPa，-4℃）。

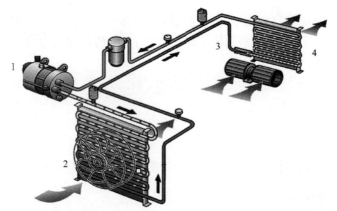

1—压缩过程；2—冷凝过程；3—节流膨胀过程；4—蒸发过程

图 4-7-4　节流阀式制冷系统循环图

2）膨胀阀式制冷系统（图 4-7-5）

（1）压缩：压缩机将低温低压气体压缩为高压气体（1.4MPa，65℃）。

（2）冷凝：高温高压气体经冷凝器冷却变为高温高压液体（1.4MPa，55℃）。

（3）节流膨胀：液体膨胀，压力和温度降低（0.12MPa，-7℃）。

（4）蒸发：液体变为气体（0.12MPa，-7℃）。

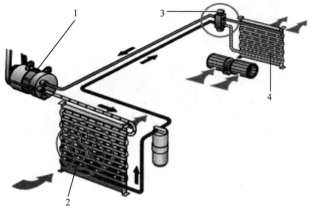

1—压缩过程；2—冷凝过程；3—节流膨胀过程；4—蒸发过程

图 4-7-5　膨胀阀式制冷系统循环图

（二）暖风系统

1. 作用

暖风系统用于取暖，对由外部进入车内的空气或车内部的空气进行加热，起到调温、除湿的作用。

2. 组成

暖风系统的主要部件是热交换器，如图 4-7-6 所示。

图 4-7-6　热交换器

（三）通风系统

1. 自然通风（图 4-7-7）

利用车辆行驶时产生的风压将外部空气引入车内循环后再排出。

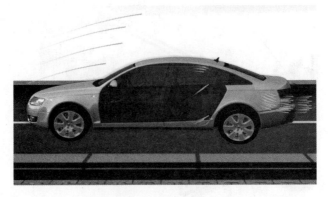

图 4-7-7 自然通风

2. 强制通风

利用风机强行引入外部的新鲜空气，如图 4-7-8 所示。

图 4-7-8 强制通风

3. 间接通风（图 4-7-9）

间接通风可避免风直接吹面部带来不适。

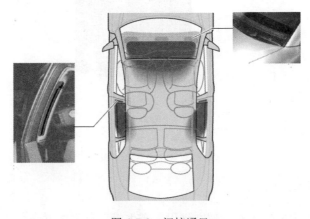

图 4-7-9 间接通风

4. 舒适座椅通风

通风系统可以去除座椅表面的湿气，如图 4-7-10 所示。

图 4-7-10　舒适座椅通风

三、空调系统维护保养操作技能

1. 检查空调制冷效果

检测条件：

（1）环境温度高于 15℃。

（2）散热器和冷凝器洁净，必要时进行清洁。

（3）压缩机皮带张紧度正常，并且紧压压缩机皮带轮。

（4）压缩机驱动单元安装正确。

（5）所有空气导管、盖板和密封件均正常且安装正确。

（6）灰尘及花粉过滤器的空气流量未受污物影响。

（7）车辆未在太阳光照射下。

（8）发动机处于正常工作温度（冷却液温度为 80℃）。

（9）空调控制单元没有故障代码。

（10）已检查空调控制单元的匹配。

（11）所有仪表板出风口均开启，风量调到最大。

（12）发动机舱盖已关闭。

2. 检查制冷剂储量

检查时，启动发动机，打开制冷控制开关，将温度开关控制杆置于 COLD 位置，风扇开关开到最大位置，车窗全开。检视窗如图 4-7-11 所示。

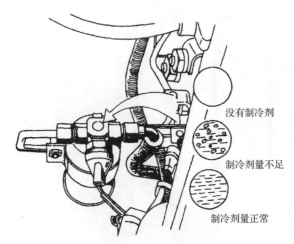

没有制冷剂

制冷剂量不足

制冷剂量正常

图 4-7-11　检视窗

（1）正常情况下，检视窗中流过的制冷剂大体上透明。

（2）若检视窗中气泡过多，制冷剂呈乳白色，说明制冷剂量不足。

（3）若从检视窗中什么也看不到，说明没有制冷剂，制冷系统有严重泄漏情况。

3.　检查风量与风向

（1）检查空调风向控制是否正常（图 4-7-12）。

图 4-7-12　检查空调风向控制

（2）检查风量在各个挡位是否达到标准要求，必要时可使用风量检测仪（图 4-7-13）。

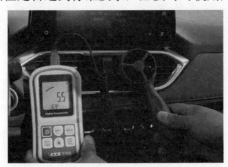

图 4-7-13　检查风量

（3）检查内外循环控制是否正常（图 4-7-14）。

图 4-7-14　检查内外循环控制

4. 检查压缩机

压缩机传动带松紧程度应适宜，过松会引起打滑，造成压缩机转速下降，制冷量不足；过紧会加剧传动带磨损，造成曲轴轴承过早损伤。因此，应定期检查压缩机传动带的使用情况和松紧程度，如传动带松弛应及时张紧，如发现传动带有裂口或损坏应及时更换。

5. 清洁冷凝器

应经常检查冷凝器表面有无污物、泥土，散热片是否弯曲或被阻塞。如发现冷凝器表面脏污，应及时用压缩空气或清水清洗干净，以保持冷凝器有良好的散热条件。

6. 检查、更换空调滤芯

定期保养时（一般 20000km 左右）必须清洁或更换空调滤芯。在多尘或交通拥挤的地区，时间则应提前。

如果空调的挡位已经开到足够大，但是制冷或制热的出风量仍然很小，或者空调工作时吹出的冷（热）风有异味，则应尽快更换空调滤芯（一般位于副驾驶座前的杂物箱背后），如图 4-7-15 所示。

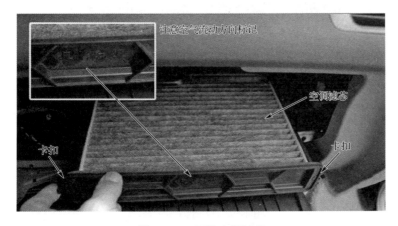

图 4-7-15　更换空调滤芯

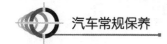

课后练习

1. 空调滤芯堵塞的故障现象是什么？
2. 为什么有的空调在开启后会出现白雾？正常吗？为什么？

第八节 雨刮及大灯清洗装置的维护保养

一、雨刮及大灯清洗装置概述

（一）雨刮概述

雨刮又称刮水器、雨刮器或挡风玻璃雨刷，是用来刮除附着于车辆挡风玻璃上的雨点及灰尘的设备，如图4-8-1所示。

一些高端车辆上还配备了感应雨刮。

图4-8-1　雨刮

（二）大灯清洗装置概述

大灯清洗装置用于清洗大灯上的灰尘及污垢，如图4-8-2所示。

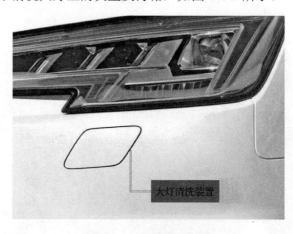

图4-8-2　大灯清洗装置

在夜晚或光线较暗的环境中行驶时，雨水和尘埃会严重影响大灯的照明度，导致驾驶员的视线受到影响，存在一定的安全隐患。大灯清洗装置则为解决这一问题提供了简单而有效的方法。

二、雨刮及大灯清洗装置维护保养操作技能

（一）雨刮的维护保养

1. 雨刮的检查（图 4-8-3）

（1）将雨刮开关置于各挡，检查雨刮动作是否正常。

（2）检查刮水的状态，以及刮水支杆是否存在摆动不均匀或漏刮的现象。

（3）检查雨刮在工作中是否有振动和异响。

（4）检查雨刮胶条是否老化。

图 4-8-3　雨刮的检查

检查方法：喷出一些清洗液，然后开动雨刮，观察刮水动作是否流畅，是否有较大的摩擦声。若存在上述现象，表明雨刮压向玻璃的压力过大，应适当调节。检查雨刮刮刷范围是否洁净，是否有水分残留在挡风玻璃上或出现明显划痕。若出现上述现象，说明雨刮上的胶条已经老化，应该更换新胶条。

2. 雨刮维修位置设定

检查雨刮性能时，需要把雨刮调整到维修位置，不同车辆的雨刮维修位置不同，奥迪车的雨刮维修位置设定如图 4-8-4 所示。

3. 雨刮喷嘴的检查（图 4-8-5）

检查喷嘴的喷水情况，喷嘴是否被堵塞，以及喷射的角度是否正常。如果不正常，应及时进行调整或更换。

图 4-8-4　奥迪车的雨刮维修位置设定

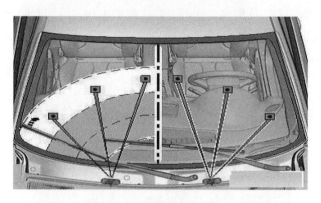

图 4-8-5　雨刮喷嘴的检查

4．清洗液的检查

应在清洗液罐中加满清洗液并经常检查清洗液量，清洗液液位的检查如图 4-8-6 所示。

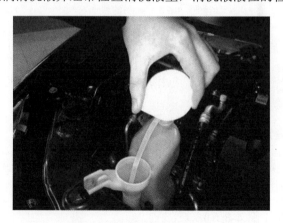

图 4-8-6　清洗液液位的检查

（二）大灯清洗装置的维护保养

检查大灯清洗装置功能是否正常，如图 4-8-7 所示。

图 4-8-7 检查大灯清洗装置

 课后练习

雨刮的更换有哪些要求？

第九节 汽车保养归零

一、汽车保养归零概述

大多数电控汽车在组合仪表上安装了保养指示灯，当汽车行驶到一定里程时，保养指示灯会点亮，提醒驾驶员对车辆进行维护和保养（图 4-9-1）。保养归零就是做完保养后，对提醒信息进行归零复位，也就是信息重置。保养指示灯一般用英文名称或特殊的符号标记，不同车系或同一车系不同车型的保养指示灯的意义有所不同，因此应当阅读维修手册，了解保养指示灯点亮的真正含义。在保养作业完成后，需要对保养指示灯进行归零操作。

图 4-9-1 保养提示

二、保养归零的方法

（一）手动复位

通过操作不同按键来手动复位，如多功能转向盘上的按键、仪表盘上的按键、中控面板按键、雨刮杆上的按键等。如图 4-9-2 所示，仪表盘上有总里程和保养里程的切换键，切换至保养里程并按住切换键 3s 即可归零。传统的机械仪表只需要按住仪表上凸出的小圆钮即可归零。不同车型的操作方法不同，具体的方法可以查看用户手册。

图 4-9-2　仪表盘上的保养归零按键

（二）诊断电脑复位

通过操作诊断电脑来复位。此方法较为简单，只要选取所要复位的车型，根据电脑提示进行操作即可（图 4-9-3）。

图 4-9-3　诊断电脑复位

（三）保养归零具体操作流程（以一汽大众系列车型保养归零为例）

方法 1：使用雨刮操纵杆上的翘板开关或多功能转向盘上的按键（图 4-9-4）。

（1）用雨刮操纵杆上的翘板开关选择"设置"菜单，或者用多功能转向盘上的按键选择"设置"菜单。

（2）在"保养"子菜单中选定"重置"选项，然后按下雨刮操纵杆或多功能转向盘上的"OK"键来归零。

（3）弹出安全询问时，再次按"OK"键确认。

方法 2：使用组合仪表上的操作键，如图 4-9-5 所示。

（1）点火开关关闭时按住左侧仪表右下方按键。

（2）打开点火开关。

 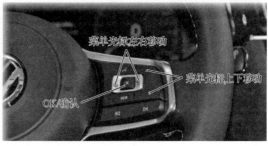

图 4-9-4 使用翘板开关或多功能转向盘上的按键

（3）松开左侧仪表右下方按键，短按 1 次时间设置键（右侧仪表左下方按键），这时保养周期显示处于复位模式，片刻后显示屏会切换回正常显示。

图 4-9-5 使用组合仪表上的操作键

 课后练习

对汽车进行保养归零时有哪些注意事项？